ICELAND
冰與火的國度

Góðan Daginn

ICELAND

早安！冰島。

早安！冰島。
2 GÓÐAN DAGINN, ICELAND

作者筆記
11 AUTHOR'S NOTE

冰島印象 南部
20 IMPRESSION ： THE SOUTH OF ICELAND

22 塞里雅蘭瀑布 Seljalandsfoss
26 熔岩洞穴 Raufarhólshellir
30 藍色冰川 Þórsmörk Glaciers
34 彩虹瀑布 Skógafoss
36 水晶洞 Breiðamerkurjökull
40 冰河湖沙灘 Ice on the Beach
44 冰川探險 Svínafellsjökull

冰島冷知識
50 SOMETHING YOU SHOULD KNOW ABOUT ICELAND

52 冰島進修 Study in Iceland
54 冰島自來水 Tap Water
54 生醫產品 BIO/Organic
55 冰島貨幣 Iceland Money
55 地熱發電 Geothermal Power
56 冰島羊 Sheep
56 毛織品 Wool

冰島出品
58 PRODUCED ICELAND

GÓÐ

冰島首都 雷克雅維克

64 THE CAPITALOF ICELAND: REYKJAVÍK

城市漫遊

70 JOURNEY INTO THE NORTH OF THE CAPITAL

72 樂事 Funny Thing

76 冰島設計 Icelandic Designer Store

80 概念店 Concept Store

86 懷舊尋寶 Vintage

90 書香 Book Shop

94 咖啡香 Coffee Shop

98 饞食 Fast food

102 冰淇淋 Try the Ice Cream

冰島手作料理

108 LET'S COOK ICELANDIC CUISINE

112 食材哪裡找？ Where is the Supermarket?

美食天堂

116 FOOD PARADISE

冰島時尚

125 FASHION IN ICELAND

126 流行衣著 What They Wear

青年旅館

132 FASHION IN ICELAND

冰島郵局

135 POST OFFICE IN TOWN

冰島音樂魂

140 MUSIC IS THEIR SOUL

142 音樂廳 Harpa

145 推薦唱片 12 Recmemended Iceland Albums

146 響樂天堂 Music Heaven

驚豔藍湖

150 AMAZING BLUE LAGOON

屏息以待，北極光

158 NORTHERN LIGHTS

164 傑古沙龍冰河湖 Jökulsárlón Glacial Lagoon

166 逐光之路 How Can I Catch the Aurora in Downtown?

可愛的房子

168 LEGO HOUSE

美麗祕密

174 MY BEAUTY SECRET

176 冰島護膚產品 Icelandic Skin Care Products

黃金圈探索

178 GET READY TO THE GOLDEN CIRCLE

180 冰封黃金圈 When Golden Circle in Frozen
182 辛格韋德利國家公園 Þingvellir National Park
184 史托克間歇噴泉 Strokkur
188 古佛斯黃金瀑布 Gullfoss

樂在黃金圈
193 EXTRA THINGS TO GO WITH GOLDEN CIRCLE
192 地熱溫泉浴 Iceland Spa: Geothermal Baths
195 地熱麵包 Geothermal Bakery
196 騎馬奔馳 Horse Riding

這麼遠，那麼近
204 SO FAR, SO CLOSE
206 旅遊資訊 Travel Information
208 旅遊服務中心 Information Centre
210 航空資訊 Airline
213 冰島通訊 Phone Card In Iceland

聊冰島
214 CHAT ABOUT ICELAND
216 誰來買單？ Pay the bill, please !
218 致讀者 Dear people who read this book

特別感謝
220 SPECIAL THANKS

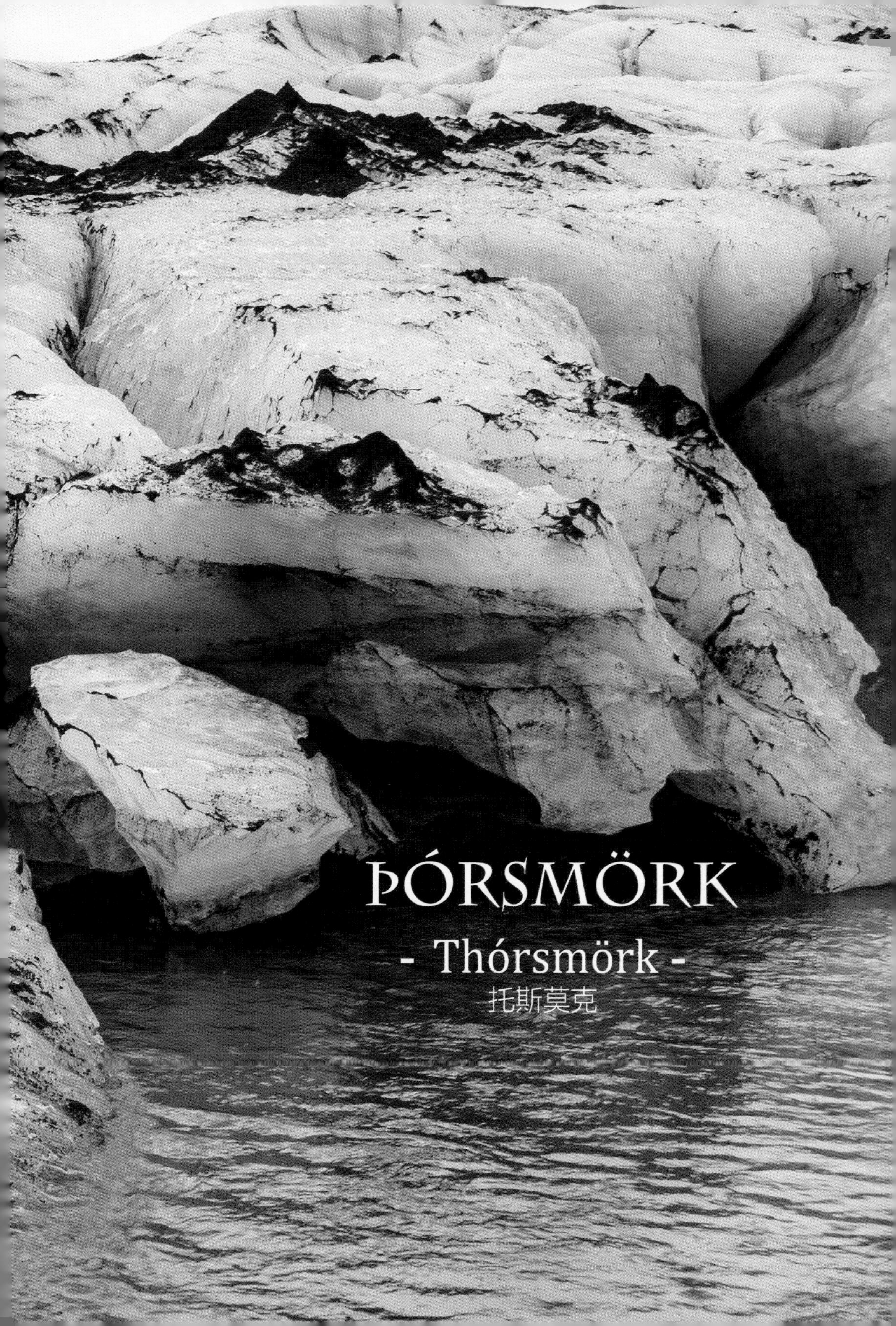

ÞÓRSMÖRK

- Thórsmörk -

托斯莫克

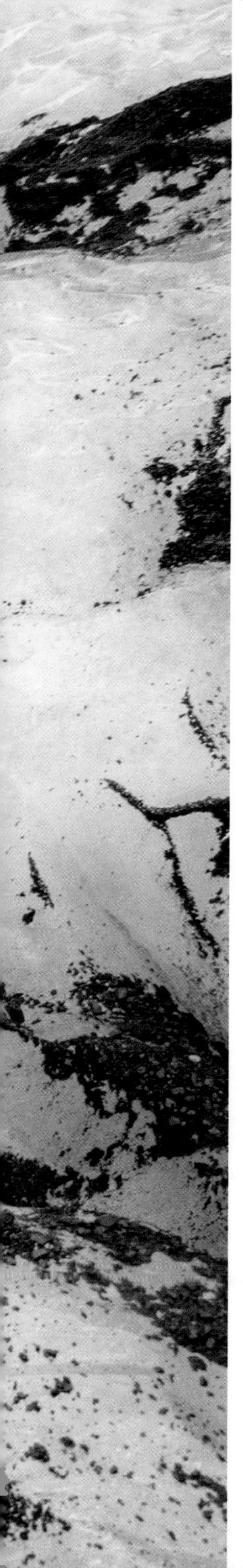

Author's Note

每次當我走進書店的時候，總會發覺真的很難找到關於冰島（**Iceland**）的書籍。或許由於冰島處於地球最北，而且在亞洲也沒有很多資訊，所以對很多人來說，它都是一個極為神祕的地方，於是這個看似遙遠的地方，便讓很多人對它都有十分陌生的感覺。

冰島是一個滿布天然資源的美麗島嶼，獨有的大自然美景是在別的地方所看不到的，所以很自然會成為人們心目中旅遊必到的地方。一般來說，計劃自助旅行的人來到冰島，可能停留大約十餘日左右，根本沒有太多的時間留在市中心內，可能抵達後沒多久，很快便展開環島的征途。為了能夠讓更多人看到關於冰島的資訊，讓對冰島摸不著頭緒的你，有更多的認識，我整整花了一個月的時間留在冰島，除了遊歷之外，也是為了收集更多不同的資料，希望藉由這次旅居冰島的機會，讓更多人喜歡這裡，看透這裡。

這本書從計畫寫作開始，目標都是以雜誌的形式為藍本，希望讀者可以看到一本結合時尚與旅遊於一身的參考書籍。除了一些實用資料之外，更希望這本書可以作為收藏之用，因此，你在這本書中看到的每一張照片都是我用心用力去拍攝的，所有的風景照片都經過了很多考驗才完成，如風雪、暴雨、風暴等等。

大自然的力量真的變幻莫測，你永遠不知道下一刻的天氣會是怎樣，所以我唯一能做的就是每天看天氣預報，期待下一刻會有好天氣出現，一旦知道天氣轉好的時候，便立刻衝到景點拍攝，希望可以捕捉到冰島最美麗的一面。

在這本書裡，我也希望可以把冰島首都——雷克雅維克（**Reykjavík**）——最精彩的部分介紹給大家，讓大家知道多一點關於這個神祕首都的面貌，領悟這裡的靈魂，無論你逗留在雷克雅維克的時間是長或短，相信你也可以玩遍這裡、吃盡這裡。

當然，這本書不只介紹雷克雅維克這麼簡單，想要知道更多，請趕快閱讀本書，好好細閱品味一番。

BREIÐAMERKURJÖKULL

- Breioamerkurjokull -

布雷莎莫克冰河

SÓLFAR

- The Sun Voyager -

太陽旅者號維京船雕塑紀念碑

HALLGRÍMSKIRKJA

哈爾格林姆教堂

REYKJAVÍK OLD HARBOUR

雷克雅維克舊港口

The most memorable adventure you should join

ISAK 10
LAND ROVER
BN P65
LAND ROVER
DL L39
LAND ROVER

IMPRESSION
THE SOUTH OF ICELAND
冰島印象 南部

SELJALANDSFOSS
塞里雅蘭瀑布

塞里雅蘭瀑布位於冰島西南部、斯科加爾以西大約 **30** 公里的塞里雅蘭河上，這裡絕對是人間仙景，如果你有幸於日落時分到來，走在懸崖底部、瀑布後面、一條專供遊客行走的小徑上，在這個位置從瀑布往外看，看著高達 **60** 公尺的瀑布由上往下沖，向外四濺的水花透著一絲絲的日落光線，讓整個畫面變得更為震撼。不過，請注意安全，因為腳下是有點溼滑的石子路，某些路段是岩石堆，需要踩著石頭縫隙中的平面才能前進。

RAUFARHÓLSHELLIR
熔岩洞穴

這個位於冰島的熔岩洞穴（**lava cave**），是由熔岩通道（**lava tubes**）所構成，長度估計是 **1,360** 公尺，當中有四個出口。熔岩通道是由低黏度的流動熔岩所形成，當熔岩噴發後，會流到地面或地下，於是熔岩外側冷卻後會逐漸形成連續如地表般的地殼，而且不斷變厚，但內側高溫的熔岩依然在流動，便緩慢下切形成一個地下通道，時間越久，通道就越深，最後當熔岩停止噴發並全部流往他處時，就留下了熔岩洞穴。

ÞÓRSMÖRK GLACIERS
藍色冰川

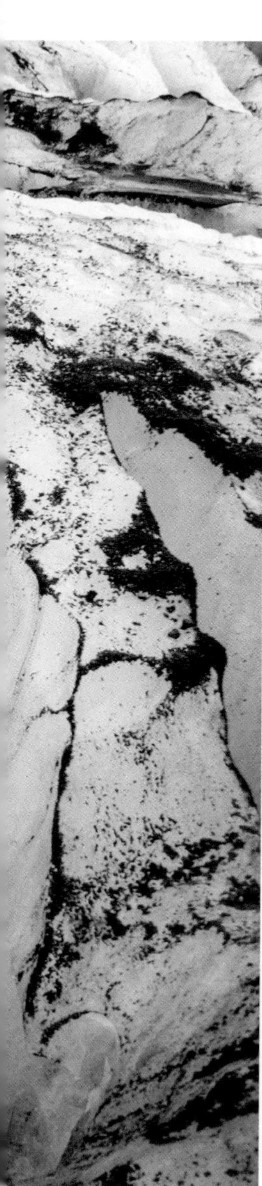

如果你沒親眼看到，沒親身體驗，你絕對不會相信這是真實的。你在看一些關於藍色冰川的照片時，或許會覺得很壯觀，事實上，也真是如此，如果你也能帶著衝動來到這裡，感受一下踏上這裡時，那種真實卻又不真實的感覺，那將會是一種非常好的體驗，因為我相信，你不會找到比這裡——藍色冰川——更美的自然景像。不過，由於全球氣候暖化的現像，現在所見到的冰川每年都會越縮越小，而且速度很快，所以我們要愛護地球，讓這個美景繼續留傳下去。我建議各位參加當地的旅行團，因為真的有些地方是自駕到不了的，而且跟著當地的導遊會比較安全。

SKÓGAFOSS
彩虹瀑布

彩虹瀑布位於冰島南部，是最大的瀑布之一，寬 25 公尺，高 60 公尺。因為瀑布不停流動，在半空中產生了很多水氣，所以在陽光明媚的日子，常常會出現彩虹或雙彩虹的自然景像。你可以走到瀑布中間近距離感受，旁邊會有很多飛鳥陪伴左右，也可以從官方設置的路徑爬到旁邊欣賞瀑布，但你得先準備好爬上瀑布頂端的勇氣，因為從上俯瞰這個壯觀的景像，你會有一番不一樣的體驗。

BREIÐAMERKURJÖKULL
水晶洞

冰島這個國家充滿了冰川，在群山之上、冰帽之下，我們可以找到很多不同的水晶洞，那是經過時間洗禮而形成貌似天然畫廊的冰川洞穴。這些冰川一層堆疊一層，慢慢增厚，加上風雨和各種不同因素的侵蝕，而慢慢在高壓的過程中形成深淺不一的藍色冰川，在洞內，即冰川底部，往往可以看到顏色較深的冰色，像深海的水似的。

ICE ON THE BEACH 冰河湖沙灘

傑古沙龍（**Jökulsárlón**）冰河湖內的巨型冰河，每天其實都會因為很多不同的因素而分裂，然後倒塌下來，如果有幸看到冰塌下來的情景，那會是一件非常震撼的事，而冰河湖沙灘上的冰塊是由這些崩裂後的細小冰塊組成，沿著湖水慢慢流到大海之中，融化成海水，而當中一些比較大的透明冰塊也可能因浪潮的推進而浮上沙灘。在這裡你可以看到很多型態不同與體積不一的水晶冰，所以這裡更是攝影師取景拍攝的地方。

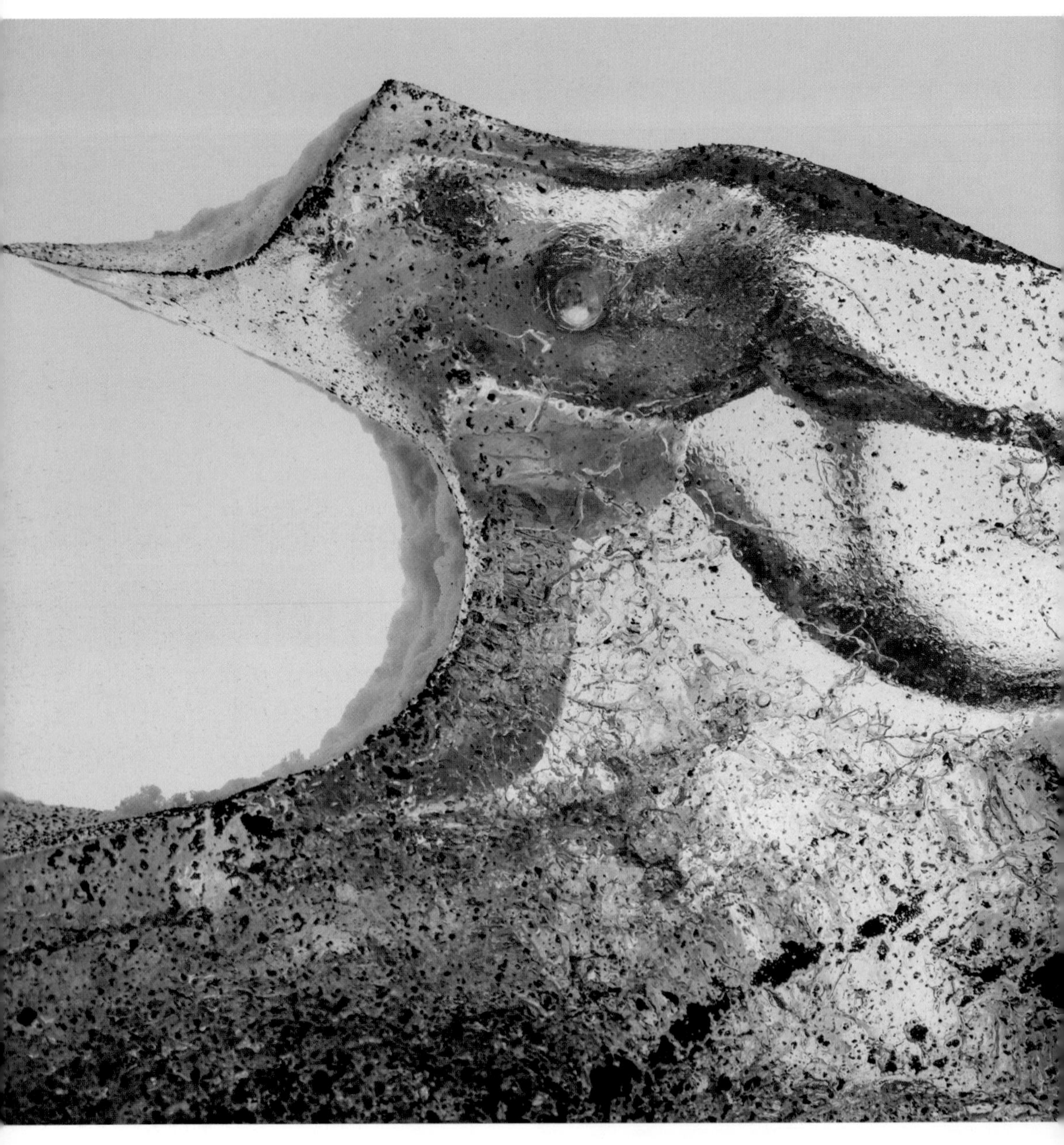

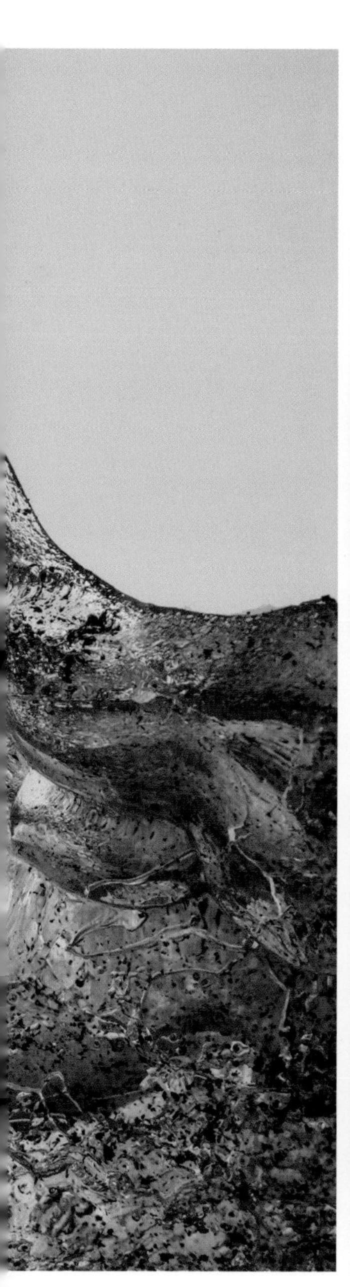

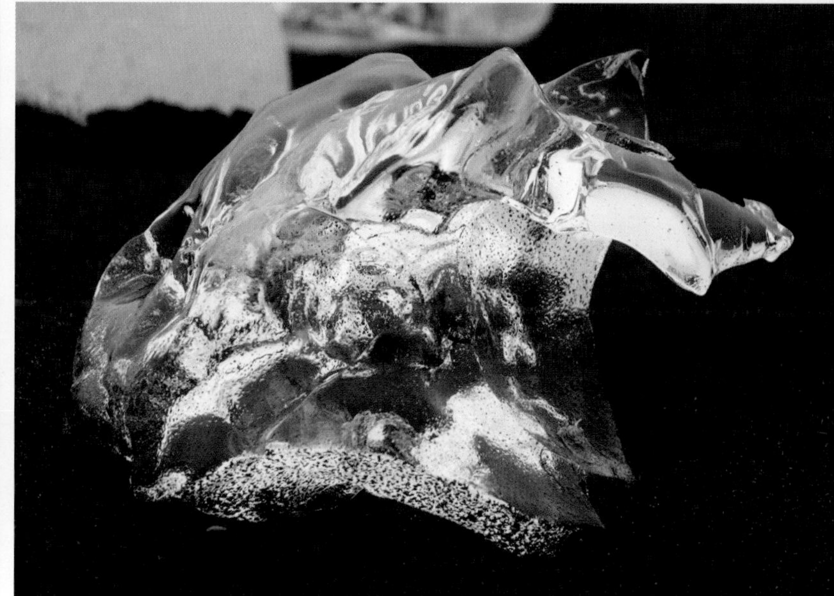

SVÍNAFELLSJÖKULL
冰川探險

擁有超過千年歷史的冰川山峰，我們怎能錯過踏在冰川之上的機會？當天空飄著微微的雨，導遊先生說，其實行走在這樣下著雨的冰川上才是最美，因為雨水會把整個山頭都清洗一番，於是看到的東西便會更加透澈。不過，步行在這些濕滑的冰川之上，可謂步步驚心，但越是危險的地方，才越能拍到更多珍貴的照片。

Mysterious

Transport. Iceland had no roads of any kind until the 19th century, although a few bridlepaths were made. In 1782 the government in Copenhagen decided to introduce a postal service in Iceland; such service had existed in Europe since the 16th century. Post carriers were employed to ride around the country to deliver mail. In 1831 a Mountain-Road Society was founded, with the aim of making bridlepaths; wheeled vehicles were hardly known in Iceland until the late 19th century. In 1896 regular coastal steamship services were launched. In 1900 postal services by horse-drawn cart commenced from Reykjavík across the upland heath to south Iceland; the carts could sometimes take passengers. The telegraph arrived in 1906, followed by telephone service all over the country in 1929 and international telephone service in 1935. Overland bus services commenced around 1930, and domestic air transport at around the same time. In 1915 international sea travel was introduced by the Iceland Steamship Company (Eimskip). In the late 1940s international air travel was introduced by Icelandic airlines.

Absolutism. Although the Icelanders were subjects of the king, in the early centuries of foreign rule the Alþingi (parliament) had some say in the government of Iceland. In the 17th century many European monarchs took absolute power, including the King of Denmark and Norway who ruled Iceland. In 1662 representatives of the Icelandic nation were compelled to submit to absolute royal authority at the assembly site at Kópavogur. This absolute rule was not formally abolished until 1874, when the first Icelandic constitution was introduced.

Autonomy and Republic. Although Iceland had Home Rule from 1904, the Minister for Iceland was still subject to the government in Copenhagen. In 1918 Iceland became an autonomous nation, but still under the King of Denmark; international relations were also to some extent under Danish control. When Denmark was occupied by German troops in 1940, the King of Denmark was no longer able to rule Iceland, and hence parliament assumed royal powers and appointed a viceroy. In 1944 the Republic of Iceland was founded, with a democratically-elected president.

Ecclesiastical power. Although the Icelanders were subjects and taxpayers of the Norwegian king, the Catholic church was in reality a far more powerful body. At the end of the middle ages half the landed properties in Iceland were owned by the episcopal sees, churches and religious houses. The king owned a number of estates which had been forfeit to him by convicted criminals, while the rest belonged to a handful of clans, which also controlled the royal estates as agents of the king. These included valuable coastal estates with fishing rights.

Foundation of Alþingi. The first generation of settlers lived in their new country with no national government. Around 930 a national assembly (Alþingi) was founded, which met each summer. An assembly site was chosen at Þingvellir. The assembly enacted laws and ruled in legal disputes, but had no executive powers.

ÍSLAND ÚR NATO

REYKJAVÍK
KÓPAVOGUR
HAFNARFJÖRÐUR
GARÐABÆR
SELTJARNARNES
MOSFELLSBÆR
KEFLAVÍK
SANDGERÐI
GRINDAVÍK
AKRANES
BORGARNES
FAXAFLÓI
HVERAGERÐI
SELFOSS
VESTMANNAEYJAR
MÝRDALSJÖKULL
LANGJÖKULL
HÚNAFLÓI
BLÖNDUÓS
SAUÐÁRKRÓKUR
STYKKISHÓLMUR
ÍSAFJÖRÐUR
BOLUNGARVÍK
ÓLAFSVÍK

Iceland
ICEL
HIST
Trade unions. With the development of a money eco
and payment of wages, labourers, seamen and other w
earners started to organise, in order to safeguard
interests. Employers were reluctant to recognise union
standing, and until the 1930s employees and employ-
ers were at loggerheads. When the Depression
brought mass unemployment in the 1930s, workers
united; and when Iceland was occupied by Allied
troops during World War II, offering plenty of work,
Icelandic workers improved their conditions of employ-
ment by as much as 50%, with higher wages an
shorter working hours. In due course unemploymen
insurance and other social benefits followed. Th
Federation of Labour and unions of public employee
play a major role on the Icelandic labour market.
Agriculture. Animal husbandry and cultivation of hay for the livestock were the principal occupations of Icelanders from the early days until about 1900, although the fisheries also made an important contribution in coastal areas. The early settlers brought a variety of domestic animals with them, but as the climate cooled only sheep and horses survived in the long term. Farmers only kept the bare minimum of cattle. In 1900 about 60% of the population still lived by farming; by 1950 this proportion had declined to 26%, and by 2000 it was under 10%. Production, however, has been enhanced by technological advances.
Epidemics. With increased contact with the outside world, epidemics started to reach Iceland; the Icelanders had been isolated and had not developed immunity to them. The first great epidemic, called the Black Death (but probably not the plague), arrived in 1402. More than one-third of the population died. Another epidemic followed in 1495, and others at irregular intervals. The most disastrous was smallpox, which swept through the country in 1707-8, killing about one-quarter of the population.
Churches and religious houses. Iceland's first churches were built by wealthy landowners, and were privately owned. Gradually church buildings came to be owned by the church itself.
Discovery of Iceland. Around 300 BC a land in the north named Thule is mentioned in sources. This may be a reference to Iceland. It is likely that Roman seafarers were carried to Iceland by chance in the 4th century AD, as Roman coins of that time have been unearthed in east Iceland. Celtic hermits from the British Isles, known as papar, may also have been here in the early 9th century. But there was no continuous settlement.
Settlement. Norse seafarers - Naddoður and Garðar Svavarsson - came across Iceland on their journeys. One of Garðar's crew, Náttfari, remained behind in north Iceland. Raven-Flóki spent a winter in Vatnsfjörður, and named the island Iceland. Ingólfur Arnarson from Norway settled at Reykjavík around 870; this marks the beginning of continuous settlement. After about half a century Iceland was deemed fully settled. The settlers were about 60% Norse and 40% Celtic; a majority of the women, however, appear to have been Celts.
The Icelanders are one of the few nations in the world who know their own history almost from the start. Only about eleven centuries have passed since the island was settled.
In geological terms Iceland is one of the youngest inhabited places on earth. Thus the island was almost untouched when the first permanent settlers arrived around 900 AD. Iceland had no land mammals except the arctic fox, but it had abundant birdlife and fish.
The early settlers brought with them various domestic animals. About three centuries after the settlement, the climate began to cool, and only a few species of farm animals survived the change; sheep farming gradually became the main source of livelihood, along with fishing. The horse was the main means of transport. Temperatures did not rise again until after 1900. Over the centuries epidemics swept through the country, causing high mortality; volcanic eruptions and earthquakes too caused damage.
Around 930 AD the settlers formed a law-based social system, with a national assembly (Alþingi) but without executive authority. Iceland was independent for a little over three centuries. Around 1000 AD the Icelanders adopted Christianity, and from the 13th century they were
AKUREYRI
HÚSAVÍK
Bakkafjörður
Vopnafjörður
Héraðsflói
Bakkagerði
EGILSSTAÐIR
Fellabær
SEYÐISFJÖRÐUR
NESKAUPSTAÐUR
ESKIFJÖRÐUR
Reyðarfjörður
Fáskrúðsfjörður
Stöðvarfjörður
Breiðdalsvík
Djúpivogur
Papey
HÖFN
VATNAJÖKULL
Kverkfjöll
Snæfell
Askja
Mývatn
Reykjahlíð
Öræfajökull
Öræfi
Skaftafell
Kirkjubæjarklaustur
Ingólfshöfði
Skjálfandi
Flatey
Grímsvötn
Bárðarbunga

VOLCANO
HOUSE
Volcano House Ash

Something you should know about Iceland

冰島冷知識

Study In Iceland

冰島進修

如果你想在這個奇幻的冰島進修，這是絕對可能發生的事。其中國立的冰島大學（**University of Iceland**）會是一個非常好的選擇，它成立於 **1911** 年，設有 **25** 個不同的院系。

首先，你需要先修讀冰島語的課程，之後才可以進入冰島大學的學院學習。在每年的 **12** 月伊始，大學便會進行公開招募，其中一個必要環節就是通過冰島語言測試，這個可以自學的語言測試能夠從網上進行，當你通過了冰島語測試之後，就可以在線上申請入讀的院校，並附上相關的指定文件，等通過大學的審核之後，你會收到一封錄取通知書。

語言測試官網

http://icelandiconline.is/

冰島大學官網

http://english.hi.is/

當你完成一年的冰島語課程之後，你可以選擇修讀三年的語言及文化課程。

如果只是想試著來這裡學習冰島語，也有其他學校提供選擇，但價錢當然比冰島大學貴一點，但好處是對於想學短期課程的你比較方便，所以要留意每間學校的開課時間表。

The Tin Can Factory

http://thetincanfactory.eu/

Mímir - símenntun

http://www.mimir.is/

冰島的自來水有冷熱兩種，熱水帶有臭雞蛋的味道，因為這是溫泉水，所以不可以飲用，但用於洗澡的話，對皮膚很有益；冷水可以飲用，比買瓶裝水還要健康，是天然礦泉水，來冰島一定要試試。

冰島自來水
Tap Water

Bio/Organic
生醫產品

在冰島，很多植物都生長在擁有得天獨厚的尚佳土壤當中，而且冰島人很懂得利用當地資源來發展不同的生醫產品，其中護膚品就是不可或缺的一項。由於這些產品都是純天然提煉而成的，特別適合皮膚容易過敏的愛美人士使用，而且因為沒有化學成分的關係，對身體健康始終有一定的保障。在冰島我最喜歡的是，可以找到很多有機的護膚產品，其中有些品牌，當我在當地購物時看到，才恍然大悟、意識到那是出自於冰島這個地方。並非所有冰島品牌都能在亞洲找到，所以如果你有機會來到冰島，或許你也會有興趣試試其他不同的護膚品牌。

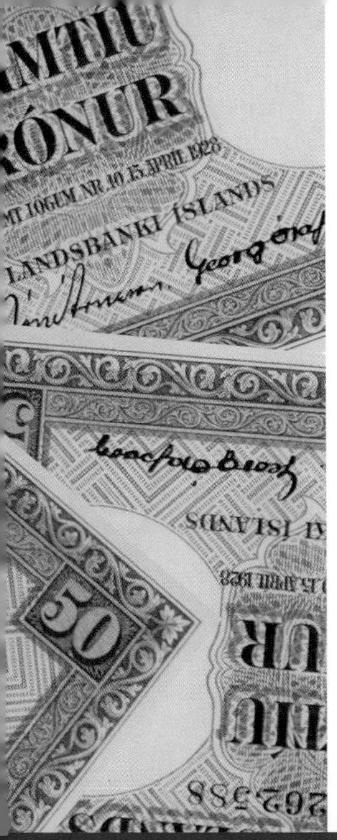

銀行資訊

Íslandsbanki
Lækjargata 12, 101 Reykjavík

Landsbankinn
Austurstræti 11, 101 Reykjavík

待在冰島一個月的時間裡，大部分我都是用信用卡付款購物，很少是用克朗（**króna**）付款的，因為在亞洲地區很難兌換克朗。但其實我認為沒有兌換的需要，因為很多地方都能夠刷卡付費。說實話，當你結束行程還要把克朗兌換回自己國家的貨幣也很麻煩，所以我在冰島沒有兌換太多的克朗。如果你真的非要現金在手，可以在飛往冰島的飛機上，直接用歐元購物，然後兌換克朗，或者在當地一些商店付歐元而找回克朗也可以。基本上，我不會兌換很多次，兌換的金額也在 **100** 到 **200** 元港幣左右，所以我沒有刻意去計算匯率。當然，你也可以到當地的銀行兌換，也是一種方式。

冰島貨幣
Iceland Money

Geothermal Power
地熱發電

在世界上大約有 **18** 個國家有地熱發電，它的基本原理是利用無止盡的地熱來加熱地下水，使其成為過熱蒸汽後，當作工作流體以推動渦輪機旋轉發電。換句話說，就是將熱能轉換為機械能，再將機械能轉換為電能。這種以蒸汽來旋轉渦輪的方式，和火力發電的原理相同，不過，火力發電推動渦輪機的工作流體必須靠燃燒重油或煤炭來維持，不但費時而且過程中容易造成汙染；相反地，地熱發電等於把鍋爐和燃料都放在地下，只需將蒸汽取出便能夠達到發電的目的。

冰島是地熱發電的佼佼者，從冰島國際機場往南邊走 **20** 公里便會發現一個地熱水供應發電廠，旁邊則是世界著名的藍湖（**Blue Lagoon**），溫泉水裡頭含有無數的礦物質，在這裡洗澡對皮膚有好處，該湖是上天賜予冰島的一個綠洲。地熱水供應發電廠用一公里深的高溫蒸氣井將涼水加熱，然後供應給周圍的城鎮和村莊，而蒸汽凝結的熱水被輸送到藍湖裡，給旅客帶來歡樂。

羊對冰島人來說是非常重要的，因為對這個國家的生存貢獻特別多。冰島羊是古代北歐品種，目前只在世界少數地區能看到牠們。牠是強健耐寒的品種，很能適應冰島的環境條件，而且沒有其它動物的攻擊，所以這裡的羊都是採取自由放牧。

冰島羊

Sheep

Wool

毛織品

老一輩的冰島人對於 **Icelandic wool** 有著深厚的感情，而現代的冰島人也不例外，打從孩童時期開始，他們就已經懂得怎麼編織羊毛製品了。冰島羊毛的顏色變化，從白色到灰色，再到褐色直到黑色，製成品包括內衣、嬰兒服、保暖防水的冬季衣服以及手工毛衣等等，是冰島特有的傳統手藝，產品在全島最受歡迎的旅遊紀念品商店有販售。

PRODUCED ICELAND

冰島出品

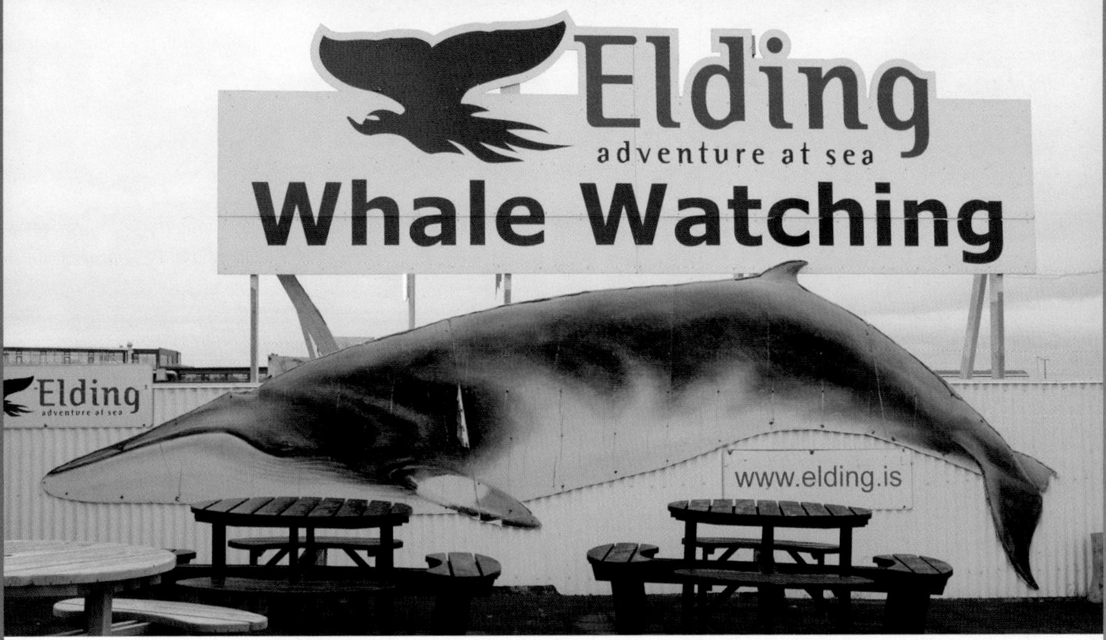

來到冰島這個滿是鯨魚群的地方，怎能不坐船到北大西洋觀賞一番呢？ 但要留意的是，賞鯨雖然一年四季都有團出發，但最佳觀賞鯨魚的季節是在 **5** 月分至 **9** 月分。除了單一行程外，亦可以選擇和黃金圈（**Golden Circle**）的行程一起進行，費用可能會比單獨賞鯨更加便宜。

每年王 **5** 月到 **8** 月是觀看冰島國鳥海鸚（**Puffin**）的最佳時期，如果有興趣想看這種可愛又特別的冰島特有品種鳥，夏天會是最好的選擇。海鸚雖然是國鳥，但還是有不少餐廳以牠作為佳餚，看著這麼可愛的海鸚，我也不忍心把牠吃進肚裡。

Volcano House

Tryggvagata 11, 101 Reykjavík

在冰島我們可以找到很多用火山泥提煉出來的產品，火山泥對皮膚的深層清潔有很大的幫助，這個火山泥香皂更是伴手禮的最佳選擇。

Ankra

http://ankra.is/

冰島人很注重健康，**Ankra** 這個品牌在冰島很有名氣，他們的海洋膠原蛋白（**Amino Collagen**）是從冰島魚皮提煉而成的粉末，對於回復皮膚的膠原蛋白特別有幫助，有興趣者可以到冰島任何一家藥房買來試試。

冰島當地特有的 **8** 種啤酒，值得試試維京人的口味，當地旅行團也有一些提供啤酒試飲的行程安排。值得一提的是，啤酒在 **1989** 前是被禁止飲用的，因為冰島人認為啤酒是影響心理狀態的一種飲品，而這也是為了防止不讓冰島人喝醉生事而定下的禁令，但當時卻可以飲用紅酒、白酒和伏特加等烈酒，這真令人摸不著頭緒！

BÚRIÐ

Grandagarði 35, 101 Reykjavík

+354 551 8400

http://blog.burid.is/

我個人很喜歡喝莫希托（**Mojito**）雞尾酒，誰知到在冰島給我發現了一家當地的品牌 **BÚRIÐ**，生產了這種 **Mojito** 果醬。我試過以後，發現味道和 **Mojito** 雞尾酒十分相似。這個產品只有一家店有販售，在市中心是買不到的，有興趣的人可以來這家店買點當作伴手禮。另外，這個品牌的無花果醬，味道有 **99%** 和真實的無花果一樣，也很值得一試，同樣只在該店販售，絕對獨家。

在冰島街上你可以看到很多特別的插畫，雖然當中有些是塗鴉，但我認為加入了很多冰島人的古怪元素，使圖像變得更加有趣。喜歡街頭藝術的你，一定要細心留意，創意真的隨時在你身邊。

如果你想認識更多關於冰島的文化歷史，我一定要推薦這副撲克牌給你，因為一邊玩就可以學到很多關於冰島的文化，而且還有中文字，很方便閱讀。

Austurbakki 2, 101 Reykjavík（精品店）

當你在網上搜尋冰島食物時，我相信你一定會找到關於熱狗的資料，而我也絕對會推薦你嘗試冰島的熱狗。每家熱狗店的味道都不同，當中的熱狗腸有一半是用羊肉製成，入口時不但沒有羊肉的羶味，加上一些脆口洋蔥，口感更是一流。所以如果來冰島沒試過一回的話，真的不要跟朋友說來過冰島旅行。

Hákarlakrem 這個牌子推出了一款全天然成分、由香草提煉出來的催情劑，在適當按摩後即令人產生美妙情慾，也可作為潤滑劑使用。

在冰島經常可以找到很多有機成分的產品，冰島品牌 **Vor** 所推出的創傷膏，最適合經常長倒刺的人。每天只要塗兩次，傷口很快就會癒合。

Laugvegur 2, 101 Reykjavík (Foa shop)

冰島屬於地球極北之地，天氣寒冷，容易讓嘴唇乾燥爆裂，在當地的藥房剛好可以找到這個非常 **local** 的護唇膏，我也忍不住買了一罐來試試，效果非常之好，質感和另一品牌非常相似，但就沒有那種化學膠的味道。如此絕佳的護唇恩物，在任何一家藥妝店均有販售。

The Capital of ICELAND

Reykjavík

冰島首都　雷克雅維克

雷克雅維克——冰島最大的城市，也是冰島的文化和經濟中心，緯度在**64°08'N**，這使它成為了世界上唯一一個最北端的首都，一個熱門的旅遊熱點。

對亞洲人來說，或許因為距離太遙遠，我們對雷克雅維克這個像謎一樣的城市，認識真的並不深入，也找不到很多關於這裡的書本介紹。

不過，這裡其實並不大，我認為旅人也不會在首都逗留太久，所以我希望用最短的時間將我所看到的、試到的，一一介紹給你們，讓大家跟著一起在首都吃喝玩樂一番，一起在這個世界上最安全、最乾淨、最環保的城市裡走走。

HÓTEL
HÓTEL

Journey into the North of the Capital

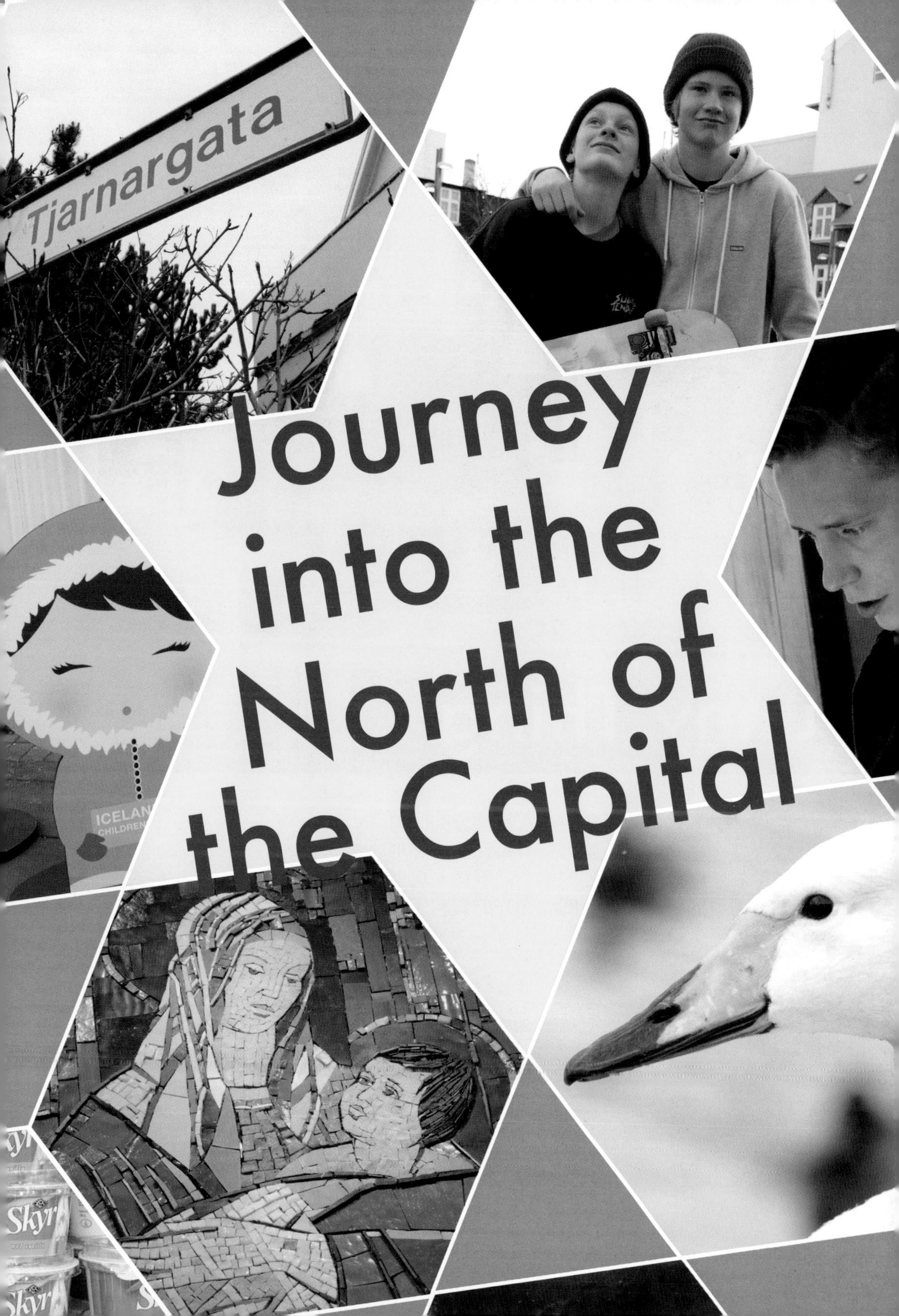

樂事 Funny Thing

如果你對極光有極大的興趣或各種疑問，可以來這個極光中心看看，館內有關於極光形成的展覽以及關於極光的紀念品販售。當然你也可以向職員查詢有關北極光的資料，他們會很樂意向你解釋。

Aurora Reykjavík

The Northern Lights Center

Grandagarður 2, 101 Reykjavík

+354 780 4500

http://www.aurorareykjavik.is/

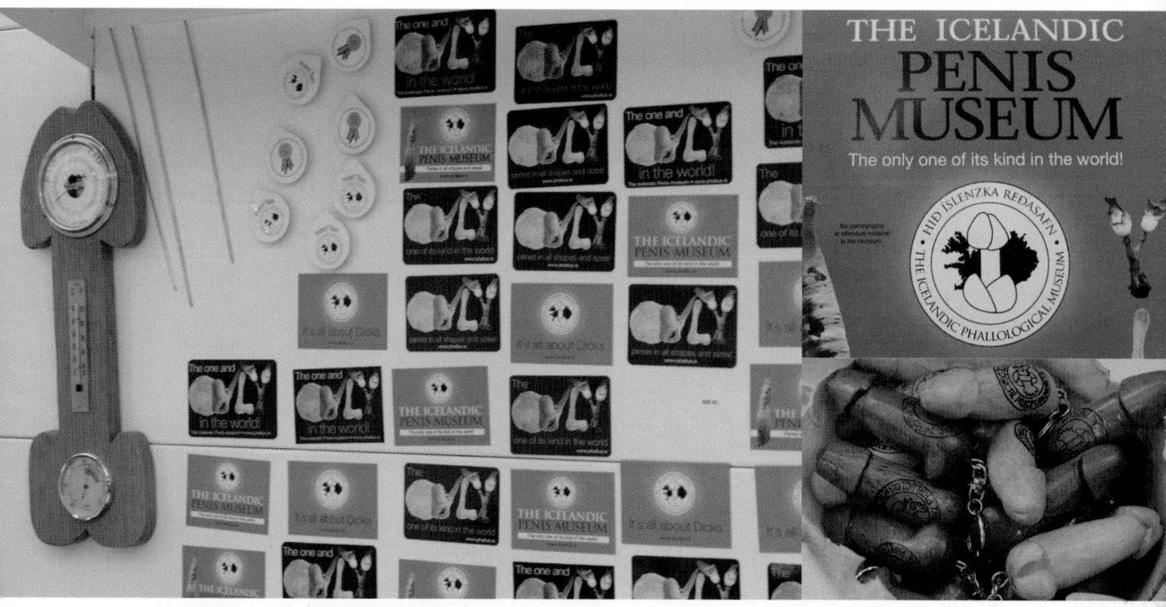

The Icelandic Phallological Museum

Laugavegur 116, 105 Reykjavík

+354 561 6663

http://www.phallus.is/

營業時間：
05/01 ～ 09/30 10:00 - 18:00
10/01 ～ 04/30 11:00 - 18:00
．行前請上網確認．

在冰島，你會發現這個不尋常的陽具博物館。館內有 200 多個展出項目，並恰好是世界上獨一無二的，包括人的陽具，以及所有哺乳動物的，你會看到如鯨魚、水貂、老鼠和山羊等生物品種，讓你大開眼界，千萬不要錯過。

Souvenirs Boutiques

Grandagarður 2, 101 Reykjavík

+354 511 1517

如果你是以情侶的姿態來冰島旅行，一定要看看這本 ***50 Crazy Romantic things to do in Iceland***，你一定能找到一些有趣的項目和你的伴侶在冰島浪漫一番。

THE HOUSE OF
ICELANDIC
DESIGN
FOOD
ART &
MUSIC

冰島設計 Icelandic Designer Store

Fóa

Laugavegur 2, 101 Reykjavík
+354 571 1433

冰島當地的設計，不得不用「奇特」這個詞來形容。每年春天，在首都雷克雅維克都會舉辦一個設計節，從服裝、家具、建築到食品設計，創意產品包羅萬象。設計節展示了冰島最好的設計師，但就算你不是在春天來到冰島旅行，也可以在市中心找到一些由當地設計師開設的商店。

Fóa 這家店裡所有的產品都是由生活在冰島的藝術家和設計師所創作，他們大部分的產品也都是在這裡生產。這家店真的很漂亮，正如他們所提供的產品般非常精緻，有超級可愛的手工雕刻天鵝和古怪圖畫的明信片，而且最令人驚喜的是，這裡的東西並不算貴喲。在這裡，你還會發現五顏六色的房子是雷克雅維克迷人的畫作。

Kraum

Aðalstræti 10, 101 Reykjavík
+354 517 7797
http://kraum.is/

營業時間：
週一～週五 09:00 - 18:00
週六 10:00 - 17:00
週日 12:00 - 17:00

這是座落於雷克雅維克 **Aðalstræti** 大街 **10** 號、最古老的一棟建築物，建於 **1762** 年。最早只是一間很舊的倉庫（是一個具有故事的毛織廠），原址本來有十家房子在同一條大街上，但因為一場大火，導致只剩下一間，就是現在你看到的 **Kraum**，**2005** 年，這裡的幾位設計師開始思考建立 **Kraum** 的想法，以及如何實現它。

Kraum 的誕生也改變了當時冰島貿易的方法，因為冰島在很久以前並沒有太多製造生產的工場，當時的製作成本也非常昂貴。因此 **Kraum** 這家商店在幾位設計師的領導下開始販售一些冰島的基本設計，由最初參與運作的 **60** 位設計師，在名氣變大之後，變成現在 **200** 多位設計師及藝術家。如今，**Kraum** 已經成為冰島最多遊客去的設計商店之一。

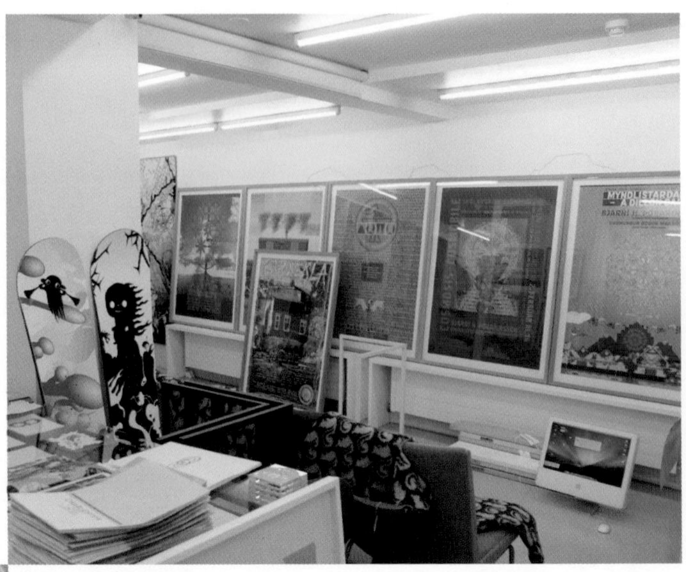

SPARK Design Space

Klapparstígur 33, 101 Reykjavik

+354 552 2656

http://www.sparkdesignspace.com/

這裡從一個展覽場地開始，把多位本士設計師和藝術家的作品集合在一起，逐一展出，進而發展到現在的商店。這家店內收集了很多獨具創意的冰島設計精品，每樣東西都是創作者的藝術心血結晶。和老闆傾談時，她還跟我說，香水真的能夠看出每個人的性格，因為這裡有一位繪畫設計師與香水師合作創作了多款新品香水，其中有一支香水特別受到金髮人士喜愛，另一支則是深髮色人士的首選，還有一支特別受到潮流人士愛戴。從香水看出每位客人的性格，真的很有意思，你也快點來試試這款 **Eau de Parfum** 特別的香水品牌。

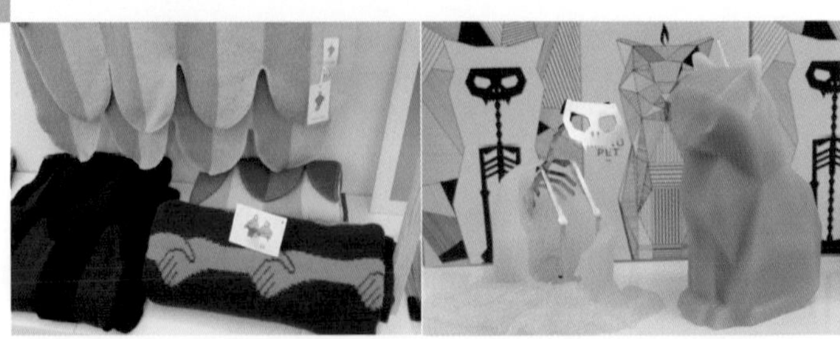

概念店
Concept Store

The Little Christmas Shop

Skúlagata 28, 101 Reykjavík

+354 561 6060

She uses her COURAGE to light on the Xmas

自從失業，年過五十的老闆娘自問為什麼不能開始屬於自己的事業，於是從自己家中的小庭園開始，進行布置和販售聖誕節裝飾，然後轉戰購物大街的一家窄小商店，再等待時機搬到現在的店址，一切都是經過時間的浸淫才能夠擁有今天這間可愛的聖誕裝飾店。

當年憑著自己的一份勇氣，老闆娘大膽決意展開她的聖誕事業，與她傾談時，你會發現她的性格特別樂觀，而且勇於接受挑戰。這家聖誕裝飾店內販售的很多裝飾品都是由當地設計師所設計，因為老闆娘希望可以藉由當地設計師創作出獨一無二的裝飾物。

因此，每件設計背後都包含著獨有的意義和故事，老闆娘對於每件設計背後的故事也都能侃侃而談，這表示她真的很樂於自己的工作。而老闆娘也跟我說她很喜歡和來購物的人交流，這是讓她最開心的事情。聖誕節是一個開心的日子，老闆娘一年 **365** 天都在賣關於聖誕節的產品，活得這麼開心快樂，跟本看不出她的真實年齡，來冰島，記得來到這家屬於開心的地方。

Minja

Skólavörðustíg 12, 101 Reykjavík

http://minja.is/

Tiger

Laugavegur 1, 101 Reykjavík

http://www.tiger.is/

Hrím Hönnunarhús

Laugavegur 25, 101 Reykjavík

http://hrim.is/

Myconceptstore

Laugavegur 45, 101 Reykjavík

http://www.myconceptstore.is/

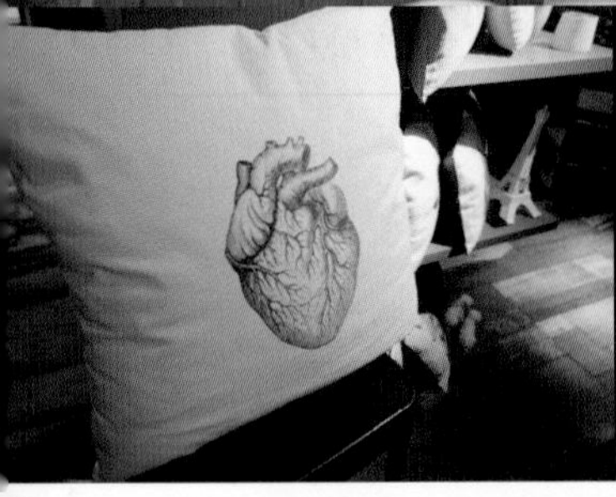

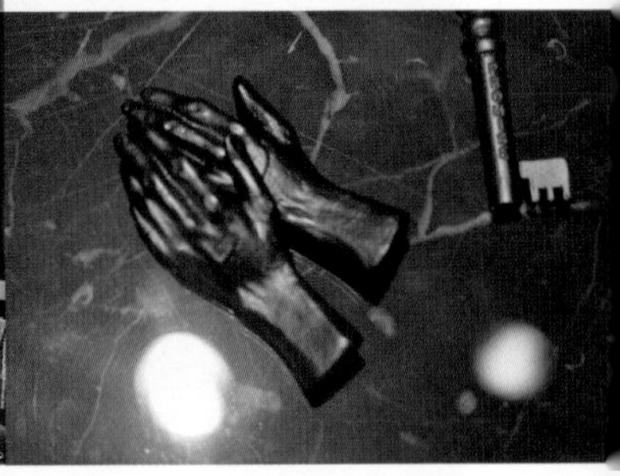

Aurum

Bankastræti 4, 101 Reykjavík

http://aurum.is/

UniKat

Laugavegur 42b, 101 Reykjavík

懷舊尋寶 Vintage

Kolaportið Fleamarket

Tryggvagötu 19, 101 Reykjavík
www.kolaportid.is/

營業時間：
週六～週日 **11:00 - 17:00**

在冰島真的很容易找到復古（**Vintage**）的東西，在 **Kolaportið Fleamarket** 這個大型的商場內，有多個不同的雜貨攤，包括濕貨和乾貨二個部分，濕貨區包含一些包裝魚肉類物品出售，乾貨區則有衣服、書本、音樂用品，以及一些冰島懷舊物品等等，非常適合喜歡尋寶的旅遊人士。

Fata Markaðurinn

Laugavegur 118, 101 Reykjavík

Nostalgia

Laugavegur 51, 101 Reykjavík

Spúútnik

Laugavegur 28a, 101 Reykjavík

Fötin Þín

Laugavegur 51, 101 Reykjavík

除了大型的 **Vintage** 商場之外，在首都的購物大道上，還有一些專賣衣服的復古商店，價錢非常合理，不妨多花一點時間找找你意想不到的東西。

MATUR
12
PRIKIÐ
12
LAVAZZA
LAVAZZA
PRIKIÐ
STOFNAÐ
1951
NÝLAGAÐ
GÆÐAKAFFI
FRÁ
MORGNI
TIL
KVÖLDS
BRAUÐ
OG
KÖKUR
PRIKIÐ
STOFNAÐ
1951
NÝLAGAÐ
GÆÐAKAFFI
FRÁ
MORGNI
TIL
KVÖLDS
BRAUÐ
OG
KÖKUR
PRIKIÐ
OLDEST RESTAURANT
/ CAFÉ IN ICELAND

enter
SMASH
I CAN'T PLEASE YOU.

Book Shop

書香

Mál og Menning

Laugavegur 18,101 Reykjavík

http://www.bmm.is/

冰島人喜愛看書的程度是超乎你想像的，這裡的作家很多，每當聖誕節的時候，書一定是這裡最暢銷的禮品之一，沒有任何一樣東西可以比得上書。我也是個很愛逛書店的人，而最令我意想不到的是，這裡的書店往往設有咖啡廳，讓讀者一邊看書，一邊品嘗人生。如果你有時間在這裡坐坐，或許你也可以領悟到冰島人是如何享受人生的各種樂趣。

IÐA Zimsen

Vesturgata 2a, 101 Reykjavík

很喜歡這間書店的裝橫，因為跟其它書店很不一樣，讓我感覺就像在家中看書一樣，有一種特別溫暖的感覺。這裡可以讓你在冰島這個遙遠的國度找到回家的感覺，以解你思鄉之苦。

Bóksala Stúdenta

Sæmundargötu 4, 101 Reykjavík

http://boksala.is/

這間書店是位於冰島大學內的一家主要書店，店內販售很多年輕人的書本及很多不同的主流精品，你可以在這裡找到一些特別的東西。

Penninn Eymundsson

- Austurstraeti 18, 101 Reykjavík
- Skólavörðustígur 11, 101 Reykjavík
- Laugavegur 77, 101 Reykjavík
- http://eymundsson.is/

在冰島，每間書店都可以看到很多關於針織品的教學書，而你也會發現很多可愛的針織品。

咖啡香
Coffee Shop

Stofan Kaffihús

Vesturgata 3, 101 Reykjavík

+354 546 1842

咖啡對歐洲人來說真的很重要，冰島雖然不是出產咖啡的地方，但他們也不會忘記這樣重要的東西。我們很多時候早上也會嘗一口咖啡，然後再外出工作。不過，在這個環繞著大自然氣息的地方，感受一下咖啡的魅力，自然別有一番感受。有時不論我們在做什麼，環境也可以改變我們的心態。我是喜歡放慢享受人生的人，因為這樣可以品嘗個中的酸甜苦辣，如此人生才有話題，有經歷才會精彩，讓我們一同細細品味吧！

Reykjavík Roasters

Kárastígur 1, 101 Reeykjavik

+354 517 5535

http://reykjavikroasters.is/

Kaffibrennslan

Laugavegur 21, 101 Reykjavík

+354 511 5888

http://kaffibrennslan101.is/

Te & Kaffi

Austurstræti 18, 101 Reykjavík

+354 555 1910

http://teogkaffi.is/

Kaffitár

Bankastræti 8, 101 Reykjavík

+354 511 4540

http://kaffitar.is/

Café Mezzo

Lækjargata 2a, 2nd floor, 101 Reykjavík

+354 571 3150

http://mezzo.is/

KILROY

饞食
Fast Food

Bakarí Sandholt

Laugavegur 36,101 Reykjavik

+354 551 3524

http://sandhole.is/

這家麵包店從早上 **6** 點半便開始營業，最適合早起以及喜愛喝咖啡的朋友來享受，店內販售很多冰島特色麵包和蛋糕。你可以選擇外帶或者內用，非常方便實惠。

Bæjarins Beztu Pylsur

Tryggvatagata 1, 101 Reykjavik

+354 551 1566

http://bbp.is/

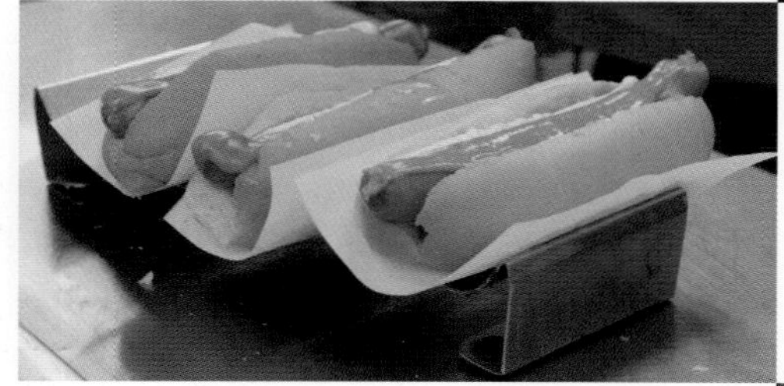

這家是來到冰島非試不可的熱狗店，我最喜歡的是熱狗內加了一些香脆的洋蔥乾，口感一流，別的熱狗店完全無法比擬，始終只有這家多年歷史的老店。

LEMON

Laugavegur 56, 101 Reykjavik

+354 519 5555

http://lemon.is/

我特別喜歡這家鮮榨果汁店，店內有十多款不同配方的鮮榨果汁，現點現做，加上自家特製的三明治搭配，最適合愛健康的你來這裡坐坐。

Lobster Hut

⌂ Lækjatorg (Behind of Gray line bus office)

在冰島除了熱狗之外，龍蝦湯也是必吃食物，冰島其實也盛產美味的小龍蝦，而這家開在路邊、以平價與品質作號招的 **Lobster Hut**，更是必試之選。

SÚPUKOFINN

沒錯，來到冰島一定要吃冰淇淋，這個聽起來絕不奇怪。對於冰島人來說，無論大風、晴天，在雨中或在雪地，任何時候，不管是在早上、中午、晚飯後、甚至是午夜，他們全年都能吃著冰淇淋。他們還說，如果只等晴天和天氣好的話，就不用冰淇淋店了！所以還不快來試試在零下幾度的情景中吃冰淇淋。

Valdís

Grandagardur 21, 101 Reykjavik

+354 586 8088

http://www.valdis.is/

Bada Bing

Laugavegur 4, 101 Reykjavik

Paradis Ice Cream Parlor

Njalsgata 23, 101 Reykjavik

+ 354 555 4700

HESTAR
each towel
Puffins gone wild

Let's Cook Icelandic Cuisine

冰島手作料理

前菜

前菜以鮭魚為主打，配上洋茴香混合馬鈴薯製成的沙拉，是絕配之選。

主菜

以甜菜沙拉配上冰島特有的羊肉，因為冰島羊是自由放牧的，所以肉質特別鮮嫩可口，而且沒有羊騷味。

甜品

甜品用冰島特產的乳酪調製而成，這種乳酪非常有益於身體健康，配上冰島的藍莓，醬真是讓人吃完還想再吃。

在冰島真的沒有太多地方可以學煮冰島料理，我好不容易才找到這裡，有幸過一次當冰島大廚的滋味。一切都很陌生，我說的不是說烹調技巧，而是關於冰島料理，我什麼也不清楚。但來到 **Salt Eldhús** 這裡，我終於可以自已試著下廚，老師很早就已經在現場準備課堂上要用的材料，其中大部分都是冰島才能找到的新鮮食材，如果沒有一些好的食材，就算你的廚藝再高超，也不能煮出一道好料理。

這個料理課程包括了煮和吃兩個部分，每天早上 **11** 點開始，課堂一次會教授三道菜式，包括前菜、主菜和甜品。這裡授課的環境特別闊落和整潔，當你坐在長餐桌上和其他學員一起用餐時，特別有氣氛，老師還會準備白酒和紅酒來搭配每道料理，份外細心。

Salt Eldhús

Þórunnartún 2, Skúlatún House, 105 Reykjavík

+354 551 0171

http://www.Salteldhus.is/

info@salteldhus.is

食材哪裡找
Where is the Supermarket?

Bónus

Laugavegur 59, 101 Reykjavík
http://www.bonus.is/

營業時間：
週一～週四 **11:00 - 18:30**
週五 **10:00 - 19:30**
週六 **10:00 - 18:00**
週日 **12:00 - 18:00**

Bónus 是冰島很普遍的超級市場，也是冰島人最主要的一家超級市場，在首都的購物大道上，就有一間，所以你經常會見到冰島人一家大小來這裡購物。

10-11

http://10-11.is

10-11 是一家 **24** 小時營業的商店，在市中心四處都可以找得到，超級方便。大型超級市場因為很早就關門，所以如果你晚上有東西要買，這家商店是你在冰島的最佳選擇。

Asian Style

Mai Thai

Laugavegur 116, 105 Reykjavík
+354 581 1440
http://www.maithai.is/

營業時間：
週一～週五 11:00 - 19:00
週六 12:00 - 17:00

IndíaSól

Suðurlandsbraut 4, 108 Reykjavík
+354 615 7271
http://www.indiasol.is/

營業時間：
週一～週五 12:00 - 18:00
週六 12:00 - 16:00

Vietnam Market

Suðurlandsbraut 6, 108 Reykjavík
+354 534 7268

營業時間：
週一～週五 11:00 - 20:00

Tækniskólinn
skóli atvinnulífsins

Food Paradise

美食天堂

我是一個愛吃的人，這次的冰島之行，絕對令我有一種喜出望外的感覺。我從來都沒想像過冰島菜是什麼模樣，這次終於有機會一嘗冰島之味，於是我挑選等級不一的餐廳，希望可以試試不同層面的美食。從餐廳的裝飾設計以及服務人員的服務態度，再加上食物本身的水準，我真的沒法不推薦你來試試冰島料理。

Svarta Kaffið

Laugavegur 54a, 101 Reykjavík
+354 551 2999

走在雷克雅維克的購物大道（Laugavegur）時，一定要來這裡試試這個很有名氣的麵包湯。厚麵包香脆而且份量十足，挖空之後倒進每日的湯品，就連挖出的麵包都會一併放在你面前，毫不浪費，喝完湯後記得要把麵包加上冰島出產的奶油一起吃。相信當你吃完這道麵包湯，已經不需要點其他東西了，超級划算喔。

還有，記得試試 Egils 這支沒有酒精成分的冰島啤酒，它入口是甘甜的，而且雖然沒有酒精成分，但依然有啤酒的味道，是特別之選。

Sushi Samba

Þingolstræti 5, 101 Reykjavík
+354 568 6600
http://sushisamba.is/

營業時間：
週日～週四 **17:00 - 23:00**
週五～週六 **17:00 - 00:00**
．行前請上網確認．

這裡每逢星期四都會有四色莫希托（Mojito）雞尾酒特調，藉著特別的價格優惠招來更多的客人，而味道當然不會因為價錢而有所改變。雖然特別優惠把莫希托分成四小杯裝，但也不用小看，因為這絕對足夠二人飲用。

當然，你也可以選擇自己一個人品嘗這四種不同的味道。這家店最特別的是把日本和拉丁的食物風味湊在一起，所以你絕對能夠品嘗到新的口味，加上這裡精美的布置，將會是一場視覺與味覺的最佳盛宴，記得來這裡試試！

MAR Restaurant

Geirsgata 9,101 Reykjavík
+354 519 5050
http://www.marrestaurant.com/

營業時間：
全天 **11:30 - 23:00**
·行前請上網確認·

我記得這天下著大風雪，沒太多人出外用餐，所以我看起來像包了整間餐廳一樣。會來這裡其實是在這裡工作的大廚朋友介紹我來吃他煮的食物，所以我便來試試晚餐推薦的 **Mok Fish**。當我在網路上查看圖片時，發現這種魚真的很醜，但誰知到原來牠的味道及口感非常特別，只要不管牠的樣子，就沒問題。前菜我點了孔雀蛤湯，個人喜歡湯中帶著的淡淡咖哩味，原來這樣的搭配也可以很洽當，真是令人意想不到。

這家餐一定要說說它的「氣氛」，當我一踏進入這家餐廳，就已經感受到一種很高尚的感覺，或許是因為其他客人的衣著品味，又或者這裡的所有服務人員都是經過一番精心挑選的年輕帥哥及美女。那種時尚感不用多說，你也會感受得到。

值得一題的是，那個開放式廚房，可以欣賞到所有廚師在你面前大顯身手，所以還未來得及看菜單點菜，就已經引起你食慾的衝動。我最喜歡摸著酒杯底邊吃邊喝，所以這次我點了一杯百香果雞尾酒，味道非常清新特別，再配上一道鯨魚肉的前菜，是個非常好的選擇，而且這家的鯨魚肉做法非常特別，是你在別家找不到的。

每次服務生把東西拿來的時候，都會跟你說明這是什麼東西、是什麼做的，講解得很細心，給人一種很親切的感覺。

Grill marka ðurinn

- The Grillmarket -

Lækjargata 2A, 101 Reykjavík

+354 571 7777

http://www.grillmarkadurinn.is/

營業時間：

週一～週五 **17:30 - 00:00**

週六～週日 **17:00 - 01:30**

・行前請上網確認・

KOPAR

Geirsgata 3,101 Reykjavík
+354 567 2700
http://www.koparrestaurant.is/

營業時間：
週一～週四 11:30 - 22:30
週五 11:30 - 23:30
週六 12:00 - 23:30
週日 17:00 - 22:30
‧行前請上網確認‧

我向來不喝的一種酒，就是馬丁尼（**Martini**），但這家餐廳弄出來的 **Spicy Martini Cocktail**，讓我有一種喜出望外的新感覺。他們特別的調製方法，喝下去的時候不會覺得有馬丁尼那種苦辣味，讓我一連叫了兩杯，想繼續喝下去，所以當你來到這家餐廳一定要試試。另外，還要提到主菜的羊肉，肉質非常之嫩。放入口裡時，你絕對不會感覺到你是在吃著一塊帶羊騷味的肉，反而極為新鮮，調味恰好處，吃得出是用心的料理。當你一邊望著這個冰島海港的夜晚景色，一邊吃著這裡的美食，簡直是絕佳的享受！

Roadhouse

Snorrabraut 56, 101 Reykjavík
+354 571 4200
http://www.roadhouse.is/

營業時間：
週日～週四 **11:30 - 22:00**
週五～週六 **11:30 - 23:00**
．行前請上網確認．

如果你喜歡吃漢堡，可以選擇來這家餐廳試試，因為在冰島是沒有麥當勞叔叔的，但你可以在這裡的當地餐廳享受這個大分量的實惠漢堡。這家店位於公路旁邊，對自駕旅人來說很方便。

這家很受年輕人歡迎的地下酒吧餐廳，店內有提供一些紙牌遊戲給客人玩，是當地冰島人用來打發時間的最佳地方。正因為這裡的感覺像家一樣舒服，進門後便看到放置了一台鋼琴給客人彈奏，很歡迎大家來彈奏一番，增添幾分浪漫。想想看，可以一邊享受著美妙的音樂一邊用餐，這不是人生一大樂事嗎？另外，值得一提的是，這裡下午和晚上的菜單都不同，所以在不同時間來也可以品嘗到不同的美食。喜愛啤酒的話，可以試試這裡不同 **Number** 的啤酒，每個 **Number** 都代表不同的釀製方法，味道和口感自然也大不相同，比如 **MYRKVI NR.13** 這款啤酒，氣味相當吸引人，裡頭烤釀的穀物帶點焦糖和太妃糖的甜味，入口更會在舌頭留下令人難忘的淡淡咖啡味。

Tíu Dropar

Laugavegur 27, 101 Reykjavík

+354 551 9380

http://www.tiudropar.is/

營業時間：

週一～週五 **09:30 - 01:00**

週六～週日 **10:00 - 01:00**

・行前請上網確認・

Sægreifinn

Geirsgata 8, 101 Reykjavík
+354 553 1500
http://saegreifinn.is/

營業時間：
05/01 ～ 08/31 11:30 - 23:00
09/01 ～ 05/15 11:30 - 22:00
．行前請上網確認．

在這裡你一定會找到最好的新鮮海鮮，因為這家店會根據當天所打回來的漁獲給客人選擇。老闆 **Kjartan** 更發明了這裡獨有的龍蝦湯，現在已成為世界著名的鮮美之選。更因選擇多及價錢便宜，常常有很多旅客來這裡品嘗，每天都有很多人在這用餐。如果你想試試鯨魚肉串，這裡會是你的最佳選擇。

Noodle Station

Skólavörðustígur 21a, 101 Reykjavík

+354 551 3199

我從來沒想像過冰島人會這麼喜愛吃湯麵，而且他們也能吃辣。這家由泰國人開設的麵店和亞洲麵店的口味非常相近，湯底味道特別濃郁，客人可以選擇牛肉、雞肉或素菜來伴著麵條來吃。如果你能吃辣的話，可以叫廚師多加一點香辣的東西，另外，這裡的汽水只要付一次錢便可以暢飲。

Núðluskálin

Skólavörðustígur 8, 101 Reykjavík

+354 562 0202

http://www.nudluskalin.com/

聽說這家麵店是 Noodle Station 的複製品，所以我也來這試試，但我覺得兩家的煮法不太一樣，可能只是複製一個概念而已。或許是因為湯底的關係，我個人覺得這樣的湯麵風格更加迎合外國人的口味，我最喜歡的是麵條上放了很多香茜，有興趣記得來這裡試試。

FASHION 冰島 IN 時尚 ICELAND

WHAT THEY WEAR

當我走在雷克雅維克的大街之上，看到一個很潮的媽媽拖著一輛嬰兒車，走在主要的購物大道時，真的忍不住要把她拍下來。可能我從小時候開始就已經受到 **Björk** 很潮的造型影響，所以總認為冰島人的打扮該是獨樹一格，但當我真正走進這個極北之地時，才發現原來也有穿得很樸素的冰島人在街上行走，小孩子更是穿得特別有趣可愛，各式各樣的動物羊毛帽子、外套和手套，不得不說，這裡真的十分寒冷，「冰島」這個名字果然名不虛傳。這裡最流行的東西，可以說是皮製大衣 **Parka**，正因為這裡寒氣逼人，所以這個單品是他們冰島人必備的衣著潮物。因此，當你來到冰島的時後，不防試試他們的 **Parka** 大衣，說不定當你走在雷克雅維克的大街上，他們也會當你是冰島人的一分子。

我相信很多人認為，冰島這個地方只有風光如畫的美景，但其實當地還有知名的時裝設計師，**Guðmundur Jörundsson** 便是一個很好例子，年紀輕輕的他已在冰島擁有自己的獨立品牌 **JÖR**，作品都以高品質與獨特剪裁的設計而深受冰島人青睞，很多當地人都會特別前往首都去買他的作品。喜愛寧靜的他並不多話，從店內的裝橫可以看到跟他性格相似的地方——整齊與簡潔，讓人有一種踏實的感覺，這或許跟他在冰島土生土長有關吧。

JÖR

Laugavegur 89, 101 Reykjavík
+354 546 1303
http://www.jorstore.com/

Talk to Guðmundur Jörundsson, the Founder of JÖR

SERENITY that he always pursues in ICELAND

Q 為什麼會成為一個時裝設計師？

J 從小就有這個心願，希望能成為設計師。

Q 為什麼你會建立這個品牌？

J 畢業後在一家二手店內工作，認為自己對時裝有種特別的看法，所以便決意發展自己的品牌。

Q 有什麼是你設計的靈感？

J 我大部分的設計靈感都是來自關於未來的想像。

Q 在冰島作為時裝設計師，你認為什麼是最困難的事情？

J 出口是最大的困難？

Q 開始這個品牌之後你最難忘的事情？

J 我們其實是以男裝為主，所以令我最難忘的是，當店舖開幕六個月後，我開始把女裝融入我的設計當中，並推出了新的女裝系列。我感到非常開心，因為上一季的系列獲得了非常好的評價。

Q 你的設計有什麼特別的故事和意義嗎？

J 我希望提供最佳品質的產品給予我的客戶，而我的設計把男裝和女裝混合在一起，不論男女都可以穿著同一款式。

Q 你最喜歡為什麼樣的人設計衣服？

J 我的朋友。因為我喜歡為我的朋友創造屬於他們個性的設計。

Q 平時不工作的時候，你最喜歡在冰島做什麼？

J 當我不工作的時候，我喜歡去釣魚，因為它可以讓我得到一個平靜的心境去面對創作上遇到的困難，有些創作是需要空間給自己思考的。

Q 品牌的主要目標是什麼？

J 我希望可以把品牌推廣到國際，變成家喻戶曉的品牌。但我們當前的目標定在慢慢提高國際銷售（International sales）這個方面的知名度。2016年我們將會開設新的分支，把總部設在英國倫敦以作進一步的擴展。

Q 除了自行設計，你是否還有其它的工作？

J 我們經常和很多不同的本地設計公司合作，最近我們和 66°NORTH 合作，為他們設計產品。

Talk to Brynhildur Pálsdóttir, the Designer of Vík Prjónsdóttir

Q Vík Prjónsdóttir 這個特別的品牌名稱從何而來？

B 我們很喜歡一些虛幻不真實的東西，**Vík Prjónsdóttir** 的概念首先來自這個編織工廠座落的 **Vík** 小鎮，根據冰島傳統的命名方式，小孩的姓氏是根據父親或母親一方的名字而來，而 **Vík** 是 **knit** 的女兒，於是就創造出 **Prjónsdóttir** 這個字，因為 **Prjón** 是 **knit** 的意思，**dóttir** 是女兒的意思，合在一塊就是 **Prjónsdóttir**，最後在加上 **Vík**，就是 **Vík Prjónsdóttir** 了。

Q 妳們三個女孩是因為什麼原因才聚在一起？

B 這個品牌已經差不多到了第十個年頭，最初其實不只有三個人，但因為很多不同的原因，最後只剩下我們三個女孩子，繼續為這個品牌努力。

How LOVELY the story behind their CONCEPT

聽說過 Vík 這個冰島的小鎮嗎？這裡是有名黑沙灘和溶洞的所在地，來到這裡我們或許只會看看景點，但它背後原來有著一個很浪漫的愛情故事，一個神話傳說。

很久以前，有一個年輕男子，某天他走到黑沙灘後，發現了一張海豹的皮毛，於是便拿回家，鎖在一個盒子裡。第二天他發現一位裸女在黑沙灘上哭泣，便把她帶回家，那天之後他們彼此相愛、結了婚、生了孩子。某天男子忘了帶鑰匙出門工作，他的妻子便好奇地用鑰匙打開那個上鎖很久的盒子，在裡面發現了自己遺失的皮毛，最後她穿上皮毛便回到海裡去，再沒有回來。

此後，每當男子外出捕魚時，總會有一隻海豹帶著淚水守護在身邊，當孩子在岸上玩耍時也不例外。而這個故事就是這個品牌的創作理念，讓你穿了會感動的毛衣。

Vík Prjónsdóttir

Grundarstígur 11, 101 Reykjavík

+354 849 9764

http://www.vikprjonsdottir.com/

Q 妳們是如何結合三個女孩的不同意見？

B 我們真的很合得來，在運作這個品牌時，三個人總是很有默契，很少有意見不合的情況發生，這是很幸福的事。

Q 妳們的產品比較特別，在冰島會不會很難販售？

B 我們最初其實是往海外發展的，很多人認識之後才在冰島開始推廣。

Q 有沒有什麼讓妳難忘的事？

B 我最難忘的可以說是到不同國家參展，因我喜歡讓世界不同國家的人都可以認識我們的作品。

The Novel Hostel 青年旅館

KEX 是一個造就機會的概念，把一間舊餅乾工廠改建成平價的 Hostel，融合復古工業風及當代藝術的設計概念。與這裡的老闆閒談一會，發現原來這家青年旅館是由二個年輕人合夥，其中一位老闆原先是一名足球運動員，他夥同了另一個喜愛旅遊的人。老闆還跟我說，他從來沒有入住過青年旅館，所以在不太了解旅館風格的情況下，打造了這家富有特色的青年旅館。宿舍和客房可容納 142 位客人，KEX 不僅僅是一個宿舍，當你入住時你會發現各種各樣的休息區，室外溫水露台、旅遊諮詢台、洗衣房、懷舊體育館、廚房以及會議室，當然這裡也少不了免費的無線網絡。

KEX

Skúlagata 28, 101 Reykjavík
+354 561 6060
http://www.kexhostel.is/

■ 服務包括

餐廳
自助洗衣設備
免費無線上網
旅行援助信息台
自助早餐
會議室
安全行李寄存
休息區
房內儲物櫃
戶外庭院
24 小時的接待
兩個自助廚房
活動資訊中心
自行車出租

■ 房間資訊

10 間單人房和雙人房
2 間附廁所雙人房
1 間 4 人私人房 - 家庭房
1 間 6 人私人房 - 家庭房
7 間 4 人宿舍
9 間 6 人宿舍
1 間 10 人宿舍
1 間 16 人宿舍

總房數：43
總床數：215

說起這裡的服務，有很方便的餐廳，可以順路去喝杯咖啡，吃吃新鮮出爐的餅乾，也可以選擇在酒吧喝一杯維京啤酒。望向窗外，正對著一望無際的大海和雪山，享受著這裡清新的空氣和陽光。在這個方可以獲取很多關於冰島的旅遊資訊，也可以替你預訂行程。這裡的洗衣房可以讓你清洗衣服，想做運動時也有健身房可供遊客鍛煉。其中少不得的是廚房，讓你可以煮自己喜愛的餐點。雖然這裡是青年旅館，但我感覺這裡什麼都有，可以找到一種屬於自己、賓至如歸的感受。

青年旅館提供了很多不同的住宿選擇，宿舍可以供 4、6、8、10 或 16 人入住；也提供私人住所或共住套房，以及家庭式四人房、雙人房和單人方，這裡還有兩間飯店品質的雙人房。選擇非常多樣，可以滿足不同需求的旅客。某些房間設有特別的布置，特別適合喜歡懷舊設計的旅客。

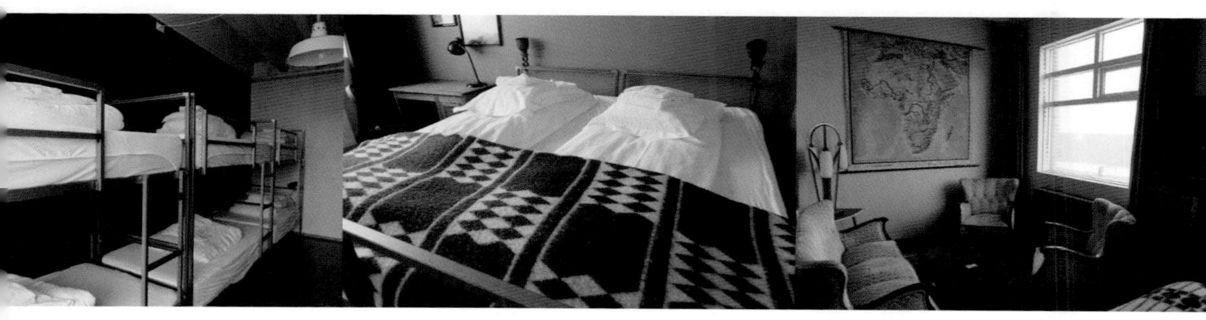

Post Office in Town
冰島郵局

紅色一片加上不像郵局的標誌，好不容易才發現這個郵局，而且在市中心只有一家郵局，如果要在冰島寄信一定要記住這裡，也因為只有一家郵局的緣故，很多時候都是人滿為患的，所以當你進入郵局後，第一件事就是要取排隊的票，這樣才可以慢慢在等待時選購郵局內的紀念品和明信片，這裡販賣很多精美的冰島風景郵票，如果你喜愛集郵，千萬不要錯過哦！

Íslandspóstur

Pósthússtræti 5, 101 Reykjavík

http://www.postur.is/

營業時間：
週一～週五 09:00 - 18:00

MUSIC Is Their Soul

冰島音樂魂

HARPA

REYKJAVÍK CONCERT HALL & CONFERENCE CENTRE

Hapar 是冰島很著名的音樂廳暨會議中心，建築物由丹麥的設計公司和冰島藝術家 Olafur Eliasson 一塊合作設計，位於首都雷克雅維克，結構是由一個鋼製框架裝上不同顏色的幾何形狀玻璃面板，是第一個特地建造的音樂廳。

12 RECMEMENDED ICELAND ALBUMS

01

02

03

04

05

06

07

08

09

10

11

12

01) Rökkurró - Innra
02) Sóley - We Sink
03) Ásgeir - In the Silence
04) FM Belfast - Brighter Days
05) Bloodgroup - Dry Land
06) Júníus Meyvant - Color Decay
07) Kvika - Seasons
08) Samaris - Silkidrangar
09) Vök - Tension
10) Bang Gang - Something Wrong
11) Uniimog - Yfir Hafið
12) Ylja - Hlaðseyri

BJÖRK

這麼多年來 **Björk** 依然努力創作屬於自己的音樂，登上一個又一個高峰，不得不令人嘆為觀止，從小我便喜歡上她的獨特風格。這也是我多年來奮鬥的目標。如今已迎來了她的第八張專輯，差不多每隔四年便出一張全新大碟的她，看似時間很長，但其實日子過得真的很快，從小學時期到現在成為成年人的我，依舊鍾情於她的作品。我認為勇於創新的生活態度，絕對能夠幫助我們繼續向前尋找我們的夢想。

MUSIC HEAVEN

我是一個很喜歡聽音樂的人，來到冰島怎可以不聽聽這裡的本土音樂？除了眾所周知的歌手 **Björk** 之外，其實當地還有很多極具潛力的歌手，只是他們因為侷限在冰島，所以我們都不太認識。我很高興能找到 **12 Tónar** 這家唱片行，這裡最特別的是老闆喜歡顧客在店內享受音樂，所以店內二層樓都有一個專門給你聽音樂的空間，非常之貼心。你可以選擇你喜愛或者好奇想聽的 **CD**，直接放入播放機內收聽即可，這絕對會是你行程之中一個很好的節目安排，在這或許你也會發現一些你喜歡的音樂。

12 Tónar

Skólavörðustíg 15 101 Reykjavík

+354 511 5656

http://www.12tonar.is/

AMAZING BLUE LAGOON 驚豔藍湖

一個美麗的早上，坐在淺藍色的湖水之中，看著太陽緩緩昇起，從雲層透射出耀眼的陽光，那種人與大自然混為一體的感覺尤如身處仙境一樣，美到差點令人窒息。每個人手中都持著一杯冰凍的維京啤酒，在暮色之中品嘗。來到冰島，你怎麼可能不來試試這個世界奇觀之一的藍湖（**Blue Lagoon**）呢？藍湖泉水中含有豐富的矽、硫等礦物質，冰島人相信泉水能夠幫助治療一些皮膚疾病。藍湖的水溫平均大約 **37 ~ 40°C**，是一個人造溫泉，泉水經過附近地熱發電廠的渦輪機，把蒸汽和熱水相互替換後，調降至較適合的溫度才被送入藍湖之中。

這裡的營運模式其實非常簡單，首先要到收費櫃台交付入場費，之後工作人員會因應你所選擇的服務而給你不同的東西，但四種服務內容都會給你同一樣東西——就是手鐲，這個感應手鐲非常有用，入場的時候只需要在機上的界面先感應，然後便可以進入場內，去到更衣室沖涼。手鐲沒有號碼，你可以自已選擇儲物櫃，當物品擺放後便可把門關上，同時在儲物櫃旁邊的感應界面上觸碰自己的手鐲，儲物櫃便會立刻鎖上，並在感應界面上顯示你的儲物櫃號碼，所以不要忘記自己的櫃號。先洗個澡之後，便可以去泡個藍泉了。還有一個很方便的地方，就是當你買東西的時候，只要直接用手鐲對應，最後交回手鐲離開時會同一時間計費。離開時，把手鐲放回打開的裝置便可以了。

BLUE LAGOON

全年開放，時間依季節調整

01/01 ~ 05/31 09:00 - 20:00
06/01 ~ 08/31 08:00 - 22:00
09/01 ~ 09/30 08:00 - 20:00
10/01 ~ 12/31 09:00 - 20:00
．行前請上網確認．

冬季巴士時間表（09/01 ~ 05/31）

雷克雅維克→藍湖
09:00 - 18:00 每小時一班

藍湖→雷克雅維克
11:15 - 21:15 每小時一班（除了 20:15）

夏季巴士時間表（06/01 ~ 08/31）

雷克雅維克→藍湖
08:00 - 20:00 每小時一班

藍湖→雷克雅維克
11:15 - 23:15 每小時一班（除了 20:15）

* 也有往返機場與藍湖之間的班次，請上官網查詢。

網上訂購可享折扣優惠：
http://www.bluelagoon.com

四種等級服務任你挑選

	標準	舒適	高級	豪華
訪客通行證	●	●	●	●
允許進入藍湖	●	●	●	●
毛巾		●	●	●
浴衣			●	●
第一杯自選飲料		●	●	●
試用護膚套裝		●	●	
SPA 套裝產品試用		●	●	●
拖鞋			●	●
預訂 LAVA 餐廳			●	●
提供 LAVA 餐廳餐前酒			●	●
使用專用休息室				●
溫泉之旅產品套裝				●

●包括

Northern Lights

屏息以待，北極光

JÖKULSÁRLÓN GLACIAL LAGOON
傑古沙龍冰河湖

傑古沙龍（Jökulsárlón）是一個大型的冰河湖，位於冰島的東南面，落在布雷莎莫克冰河（Breiðamerkurjökull）附近。在湖中你可以看到很多巨大的藍色冰塊，每一塊都有它們不同的形狀，在冰島這裡被認為是自然的奇觀之一，是一個非常著名的旅遊景點。好萊塢電影也經常會選擇到這裡來取景拍攝，例如，《古墓奇兵》（Tomb Raider）、《007：誰與爭鋒》（Die Another Day）以及《蝙蝠俠：開戰時刻》（Batman Begins）等等。

HOW CAN I CATCH THE AURORA IN DOWNTOWN?

如果你真的想看到北極光，我可以告訴你，真的不以偷懶！我為了看到極光，每天都忙著參考預告極光的天文網站，這樣才能抓緊每一個可能看到極光的機會。就算你不是跟團來的，只要你在對的時間，即使在市區也有機會看到北極光。如果天氣非常好，沒有雲層的話，再加上極光有很好的活躍度，那麼，你不妨外出碰碰運氣，或許，下一個看到極光的幸運兒就是你！也許正如冰島寓言所述，幸福將會伴隨你一生。

冰島的極光預報
Icelandic Meteorological Office
http://en.vedur.is/weather/forecasts/aurora/

資訊判讀方式

- 雲層圖

① 白色表示天晴、沒有雲的天空，代表這是看極光的好時機。
② 深墨綠色代表布滿雲層，極光會被厚厚的雲給遮蔽。

- 極光的活躍度

從 **0** 到 **9**，平均在 **2** 和 **3** 之間，極光團會是綠色；如果活躍度到 **6** 的話，可以看到紫色，聽說 **2014** 年只有 **2** 月分出現過一次。所以極為難遇上。其實能看到已經很幸運了！

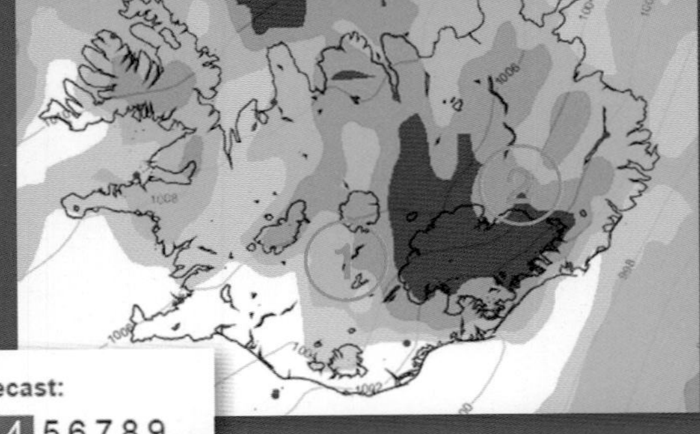

就算具備上述二個主要因素，也不一定看得到，所以千萬不要開心得太早，因為極光環帶（**auroral ring**）是會漂移的，有時會漂去地球的另一端。因為冰島上空根本接觸不到極光環帶，所以還得看看別的網站來補充資訊。這些網站每個小時都會更新一次，每個小時的變化也很大，想要看到極光，除了運氣也得做點功課。

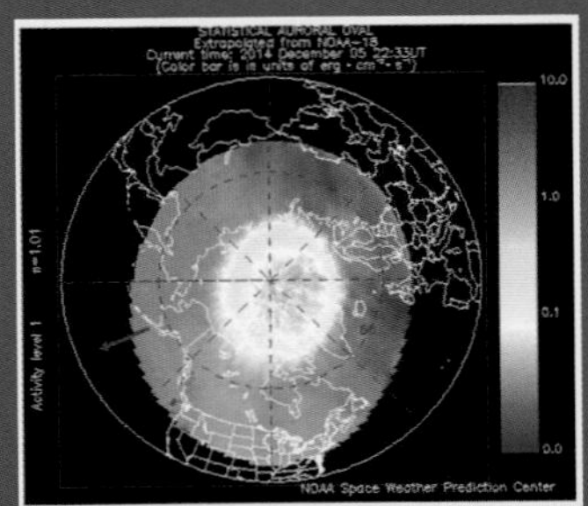

極光的天文預報
Geophysical Institute of University of Alaska
www.gi.alaska.edu/AuroraForecast

每年的 **11** 月至 **4** 月都是觀賞北極光的最佳季節，所以如果真的想在市區裡尋找極光，最好的選擇莫屬靠近北面的位置，那裡遠離市中心的光害，可以為你增添幾分「好運氣」！看不看得到北極光，有很多外在因素影響，所以不要放棄，繼續努力等待和尋找，才能增加機會。

如何到達目的地

步行：只要沿著海邊一直向北面而行，大約 **30** 分鐘即可到達。

自行車：可以先到出租店內租車，租一天大約 **1,500** 元台幣左右。

自行駕車：直接開往目的地。

LEGO
可愛的房子
HOUSE

LEGO HOUSE 可愛的房子

Gullsmiður

11

Langholtsvegu

My Beauty Secret
美麗祕密

蔬果當中所含的營養價值，往往超出我們的想像，不同的蔬果帶給我們不一樣的功能，不僅對身體好，對皮膚同樣也可以得到相對的功效，所以這些上天賜予人類的恩惠，多吃一點又何妨？

我從不介意別人知道我的真實年齡，因為我看起來一點也不像，所以很多人問我，如何才能讓自己看起來比實際年齡年輕十歲。其實，看起來年輕，最重要的原因是，皮膚看起來有生命的緣故，因此好的皮膚真的會令人羨慕，還可以蒙蔽別人的眼光，就像遮瑕膏蓋住黑眼圈一樣。我一向堅持先把自己的身體調理好，畢竟內在的調理才是最直接、最有效的，因此要選擇用最天然的方法去改善這些令你擔心的皮膚問題。

有兩種蔬菜水果──「番茄」和「檸檬」──是我從小就特別愛吃的，每天早上我會飲用檸檬水加鹽來排毒。檸檬水有很多好處，把檸檬加入熱水的過程中，會讓水變成「鹼性水」，釋放出來的苦澀物質可以抗癌、幫助調節血壓、

抗憂鬱以及調整血液循環。檸檬還具有抗氧化功效，能美顏，因為其中的檸檬酸能有效去斑、防止色素沉澱，所以檸檬本身就是天然的美容妙品。

或許你會問，只飲用檸檬水皮膚就會好嗎？當然不會，因為還需要吸收更多不同蔬菜水果當中的營養，讓這種吸收慢慢變成一個習慣，調理內在體質。再配合一些外在因素，如早睡早起、多運動以及護膚產品等等，這樣加起來才能獲得最佳的回報。

不過，有了內在調理，外在的保養也不可以輕視，所以藉由這次的冰島之行，向大家介紹一些你們未曾接觸過、當地的天然護膚產品，或許可以幫助大家回到那個年輕貌美時的自己。這些你未曾在亞洲接觸過的品牌，經過介紹，下次當你來到冰島時，就不用手忙腳亂，可以節省更多的時間並隨擇最適合你的護膚產品。

· 本文純屬個人意見與分享 ·

Icelandic Local Skin Care Products

冰島護膚產品

Villimey

http://villimey.is/

在冰島，有很多植物和草藥生長在得天獨厚的尚佳土壤當中，治療效果早已得到認證。**Villimey** 這家產品的特別之處是從冰島西方的峽灣中採摘草藥，因為那裡可以收集到更多純淨無汙染的植物。這種有機的護膚產品，其魅力在於治療 容易乾燥或龜裂的皮膚，當中的某些產品更能舒緩和治療濕疹及牛皮癬等等。大家可以試試這家的冰島草藥唇膏，非常滋潤。

Blue Lagoon

http://www.bluelagoon.com/

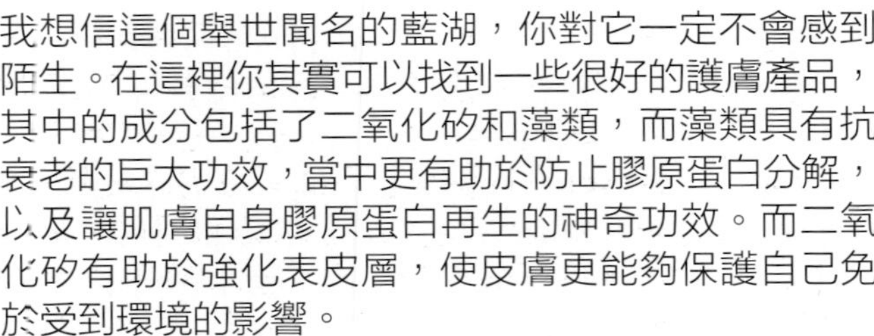

我想信這個舉世聞名的藍湖，你對它一定不會感到陌生。在這裡你其實可以找到一些很好的護膚產品，其中的成分包括了二氧化矽和藻類，而藻類具有抗衰老的巨大功效，當中更有助於防止膠原蛋白分解，以及讓肌膚自身膠原蛋白再生的神奇功效。而二氧化矽有助於強化表皮層，使皮膚更能夠保護自己免於受到環境的影響。

我要推薦一支礦物潔面泡沫（**mineral foaming cleanser**），裡頭含有藍湖豐富的地熱海水、礦物質、二氧化矽和藻類等粹取物，能夠去除臉上的雜質，適合愛化妝的人使用，我在用過一段時間之後，覺得肌膚能夠得到有效的淨化而變得更光滑。

Purity Herbs

http://www.purityherbs.is/

Purity Herbs 這個品牌創立於 1994 年，源自於創辦人 Ásta Kristín Sýrusdóttir 與 André Raes。當時 Ásta 在幼稚園工作，有一個小男孩患了嚴重的濕疹和皮疹，最後試用了 André 自製的草藥乳霜後痊癒，因為見證了這樣不可思議的功效，之後又受到他人的鼓勵，於是他們便在隔年開始發展了這個事業。

現在，這家品牌已擁有超過 60 種不同的護膚產品，全部都是純草藥提煉而成，適合所有年齡和不同皮膚類型的人使用。我推薦他們家的「神奇乳霜」（Wonder Cream），就是當年治好小男孩的乳霜，至今仍然是最暢銷的，在寒冷天氣的地方使用，是極佳的選擇。

Sóley Organics

http://soleyorganics.com/

這個品牌創立於 2007 年，產品全都採用有機物質，當他們將第一款治療霜產品命名為 GRÆÐIR 時，這在冰島語中意味著「醫者」（healer）。Sóley Organics 的所有產品都只使用經過認證的有機蔬菜和精油，且都是在冰島利用再生能源製成。他們堅持最好的產品，連水都是從名為 Kaldbakur 的山中所提取出來的純淨泉水，相當難能可貴。他們自認產品總有改進的空間，為的只是希望可以貢獻更多更好的產品給客戶。

他們最近更推出了一項新產品 birta Lift & Glow，是特別為 35 歲以上女性而設，天然草藥所提煉出來的是專門針對抗衰老。

GET READY TO THE GOLDEN CIRCLE
黃金圈探索

WHEN GOLDEN CIRCLE IN FROZEN

冰封黃金圈

「黃金圈」是冰島著名的旅遊行程，遊覽景點包括辛格韋德利國家公園（**Þingvellir National Park**）、蓋錫爾（**Geysir**）與史托克（**Strokkur**）間歇噴泉，以及古佛斯（**Gullfoss**）黃金瀑布，全都是冰島聞名世界的天然景觀，絕對是旅客前來冰島觀光的必遊之地。

即使外面堆積著厚厚的雪，也無法阻止我外出險索黃金圈這個奇妙旅程，反而令我感嘆，冰島因為不同的天氣變化而使所有自然景點都變得分外美麗。這次沒有綠草如茵或者藍天白雲，換來的是簡潔的白雪之地，讓人走在景點之上，看到多一分的高貴味道。

ÞINGVELLIR NATIONAL PARK
辛格韋德利國家公園

在辛格韋德利國家公園，你可以體現到冰島的歷史，因為此處對冰島有特殊的歷史意義，它在 930 ～ 1798 年期間曾是冰島議會的所在地，是世界上最早的議會之一。從 1928 年成為國家公園到 1944 年在此宣布脫離丹麥統治，成立冰島共和國，然後於 2004 年成為世界文化遺產。這裡最特別的是，地處歐亞板塊和美洲板塊交界，兩個板塊每年以 2 公分的距離分開，所以路隨著時間會越來越寬。

STROKKUR
史托克間歇噴泉

間歇噴泉和岩漿是冰島最有特色的天然景點，而世界著名的史托克間歇噴泉這裡，還包括泥漿池和各式各樣的噴氣孔，間歇噴泉每隔 **10 ～ 20** 分鐘便會噴出一次，從地底下噴出的水，含有很重的硫磺成分，將間歇噴泉旁的岩石浸得變成了焦黃。再加上外圍的積雪沒有被噴泉的高溫溶化而形成了不一樣的一種美。

GULLFOSS
古佛斯黃金瀑布

古佛斯是「黃金」的冰島語，所以這個瀑布也稱為黃金瀑布，是冰島最受歡迎的旅遊景點之一，所以我也不例外地要到這裡來看看。當雪景遇上這個壯麗的大瀑布時，你真的無法不感到自己就像在仙境那樣美。一片白茫茫加上湍急水流的巨大聲響，讓人真的不得不佩服大自然的鬼斧神工。但要小心的是，必須配上一個雪地行走用的釘鉬鞋套，才能方便在滑溜的雪上行走。

Extra Things To Go With Golden Circle

樂在黃金圈

ICELAND SPA GEOTHERMAL BATHS
地熱溫泉浴

Laugarvatn Fontana

Hverabraut 1, Laugarbraut, 840

+354 486 1400

http://www.fontana.is/

在冰島有很多可以享受 **SPA** 的地方，**Laugarvatn Fontana** 就是其中一個著名的地方。這裡自 **1929** 年以來就被用來當作蒸汽房，而現在則已經在美麗的湖泊旁建了一座 **SPA** 中心。你可以來這裡享受三溫暖與壯麗的景色，以及不同水溫的泉水池。如果你有勇氣，也可以試試直接走進湖中的天然溫泉，好好享受一番。不過，冬天下雪時，千萬不要勉強！

在 **Laugarvatn Fontana** **這個地方，除了能享受** **SPA** **之外，還能品嘗**冰島獨有的地熱麵包，配上他們獨家的黑麥麵包配方，絕對是必試之選。來到這裡，看看工作人員把泥土翻開後，那些溫度高於 **100°C** 的地下泉水，仍然有氣泡在熱燙燙地滾著，然後他們會帶你到烤麵包的地方，一同見證麵包從泥土中翻出的那一刻，再帶你到室內進行切麵包的儀式。

當你還沒把麵包放進口中，就能聞到那種特有的香味，看著熱哄哄的煙從麵包上散發出來，很快地，一片片的地熱麵包便已經放進嘴裡，如果塗上冰島的奶油，吃起來的味道就會有點像焦糖蛋糕，非常有口感。我可以肯定地告訴你，在市面上一定找不到比這個更好吃的。

GEOTHERMAL BAKERY 地熱麵包

Horse Riding 騎馬奔馳

ÍS
HESTAR

ÍSLENSKI
HESTURINN
- Iceland Horse -
冰島馬

Íshestar

Sörlaskeið 26, 220 Hafnarfjörður

+354 555 7000

http://www.ishestar.is/

無論你懂不懂騎馬，都可以來 **Íshestar** 試試　體驗在冰天雪地中騎馬的樂趣。

你可以到任何一個旅遊服務中心（**Information Centre**）直接報名，報名時還可以直接告訴報名處你的接送地點，準時就會有專車來接送，把你帶到馬場，非常方便。

Íshestar 提供早上及下午兩個時段給旅客選擇，因為我最愛看日出，所以選擇早上來這裡感受一番。過程中導師也會把參加者分成快步組和慢步組，快步組可以騎馬奔馳；而我因為要拍照，所以選擇留在慢步組中享受騎馬踏雪的趣味。

我很喜歡騎著可愛的冰島馬，在雪地與樹林之間奔馳。

ÍS
HESTAR
RIDING TOURS

SO FAR

SO CLOSE
這麼遠，那麼近

旅遊資訊

TRAVEL INFORMATION

在冰島有很多組織旅行團的公司，多不勝數，每家的行程也都不同，不妨花點時間計劃一下行程，而且當地旅行團的價錢也非常實惠，便宜有便宜的玩法，貴有貴的玩法。在市中心的很多地方都有協助報名手續的幫手，所以在出發前絕對不用擔心，只要直接到任可一家公司，然後說出要去的地方，工作人員就會替你安排，非常方便。當然，你也可以直接在網上訂購行程，只是會遇到天氣轉變的問題，所以某些行程我建議大家抵達後再報名。而夏天為旅遊旺季，有些特別的行程可能會需要預先訂購。

Local Tour Operators
當地觀光團推薦

Reykjavik Excursions
http://www.re.is/

Gray Line Iceland
http://grayline.is/

Icelandic Farm Hoildays
http://www.farmholidays.is/

Extreme Iceland
http://www.extremeiceland.is/

Sterna Travel Iceland
http://www.sternatravel.com/

Iceland Travel
http://www.icelandtravel.is/

Atlantsflug
http://www.flightseeing.is/

Helo
http://www.helo.is/

Guide to Iceland
http://guidetoiceland.is/

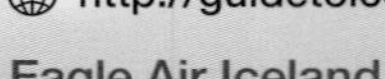

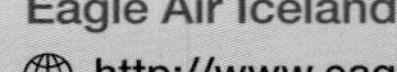

Eagle Air Iceland
http://www.eagleair.is/

Local Infomation
冰島當地的資訊網站

The Official Gateway to Iceland
http://www.iceland.is/

Visit Iceland
http://www.visiticeland.com/

Inspired by Iceland
http://www.inspiredbyiceland.com/

ICELAND MAGAZINE
http://icelandmag.com/

Recommended Course
建議必遊行程

Jökulsárlón (Glacier Lagoon) Tour
傑古沙龍冰河湖之旅

Glacier Hiking Tours
冰河健行之旅

Golden Circle
黃金圈行程

Lava Tube Exploration
熔岩通道探索

Northern Lights Tours (Winter)
（冬季）北極光之旅

The Blue Lagoon
藍湖

Volcano & Glacier Walk
火山與冰河散步

旅遊服務中心
INFORMATION CENTRE

我相信很多人在出發前都比較緊張，因為在亞洲能夠取得的冰島資料有限，但請你放心，因為在首都雷克雅維克的市中心內設了很多個旅遊查詢中心，對遊客來說非常方便，差不多每隔一條街便能夠找到一個旅遊中心，裡頭的資料多不勝數，提供免費索取全國不同地區的旅遊資訊小冊子，內容涵蓋衣、食、住、行，應有盡有。而重要的市中心地圖也同樣開放免費索取，所以出發前完全不用擔心找不到當地的地圖，只要來到這個旅遊中心，一定能夠幫你解決問題。

說起冰島的治安，你大可放心，因為這裡十分安全，很少聽說有小偷之類的事情，所以在這裡當警察是一件非常幸福的事。話雖如此，你還是要好好保管你自己的個人財物。

冰島的電壓和插頭跟歐洲地區一樣，都是 **223 ~ 230** 伏特，插頭是兩腳圓插，附有小孔在轉換插頭之上。

- Laugavegur 56, 101 Reykjavík
- Bankastræti 4, 101 Reykjavík
- Laugavegur 4, 101 Reykjavík
- Aðalstræti 2, 101 Reykjavík

http://www.visitreykjavik.is/travel/reykjavik-city-card/

這張 **CITY CARD** 是體驗雷克雅維克最省錢的方式，只要有這張卡，就能免費進入市中心的多個博物館、遊泳池、動物園等，以及免費搭乘成市公車，並享有許多地方的購物折扣優惠。有 **24**、**48**、**72** 小時三種時間限制，讓遊客自行選擇，在各大旅遊服務中心都有販售。

航空資訊

AIRLINE

往來冰島的航空公司並沒有太多選擇，Icelandair 和 WOW air 可說是主導了往來冰島的航線。我從巴黎出發，選擇乘搭 Icelandair 這家航空公司，服務基本上都算非常之好，但唯一要留意的是，這段大約 3 個半小時的旅程並不包括任何免費餐點，只免費提供無酒精飲品。這家航空公司的機票價格，每季都會有浮動的空間，大約 60,000 ~ 90,000 克朗不等，冬季的票價會比夏天便宜。

另外一家廉價航空 WOW air，有些季節的機票會低於 22,500 克朗，但要注意的是，航班不是每天都會出發，需要提前計劃好出發的航班日期。

ICELANDAIR

http://www.icelandair.com/

WOW AIR

http://wowair.co.uk/

●凱夫拉維克國際機場（KEF）

當你到達冰島的凱夫拉維克國際機場後，一般來說是不用過關檢查的，除了要轉機到美國等地方外（小心不要走錯），飛機降落後就可直接去提取行李，非常方便。提取行李的附近有免稅商店，可以買些直接退稅的商品。

冰島機場有提供免費的網絡服務，只需要登記一些基本資料就可以立即使用。

KEFLAVIK INTERNATIONAL AIRPORT

http://www.kefairport.is/

●住來機場和市中心

住來凱夫拉維克國際機場都以旅遊巴士為主，車程大約 45 分鐘就能到達市區，主要有二家公司提供運輸服務。要注意的是，每家公司到達市中心的地方不一樣，記得依你飯店或旅館的位置來決定選擇那家公司。

當然，如果你的預算充足，可以加直接購買機場到飯店或旅館的車票，當你到達停車點時，司機會詢問你入住那家飯店，然後就會有另外一輛車來把你送到你的飯店。在購買前可以先詢問來回票的價格，一併購買還會有優惠。

REYKJAVIK EXCURSIONS

http://www.re.is/

GRAY LINE

https://www.grayline.is/

Kiki
queer bar
THE REYKJAVIK GRAPEVINE HAS SPOKEN:
BEST BAR TO GO DANCING!
Urban Shape /
Borgarlandslag
03.07–26.09

PHONE CARD IN ICELAND 冰島通訊

對於現代人來說，電話和網路是必需品。在冰島，主要的電話公司為 **Síminn**，網絡覆蓋整個冰島，範圍非常之廣，如果你是打算環島的遊客，這家公司是最適合的選擇，不僅費用方面非常大眾化，需要購買時，也只要在冰島任何一家便利商店或加油站都可以隨手買得到，十分方便。

在便利商店買一個新號碼的電話儲值卡大約需要 **2,000** 克朗，入門套件包括一張 **SIM** 卡（提供各種 **SIM** 卡尺寸）和 **2,000** 克朗的啟用卡，可使用語音通話和網路數據服務。把包裝盒內服務啟用卡上的銀色條碼擦掉，會顯示條碼，然後按照啟用卡的指示打出指定號碼，再輸入啟動碼就能完成整個啟用程序。

如果你長期開著網路，大約四五天就會用完，所以我建議網路需求量大的旅客，在用完第一次的服務費時，可以直接登上官方網頁進行網上儲值，既方便又快捷。透過網頁，你可以同時針對電話或網路服務儲值，如果只需要上網服務，可以直接選擇「只儲值網絡服務」，大約 **3,000** 克朗便可享有 **5GB** 的網路流量。當然你也可以選擇 **Top up**，一併對語音通話和網路數據服務儲值。要提醒大家的是，在市中心內很難找 **Síminn** 的門市，所以建議最好上網儲值。

SÍMINN
http://www.siminn.is/

VODAFONE
http://www.vodafone.is/

Vodafone 是另外一家電話公司，價錢方面相對較貴一些，而網絡覆蓋範圍更有別於 **Síminn**，旅客可以自行斟酌選擇。

CHAT ABOUT ICELAND

在冰島最難忘的經歷是什麼？

在冰島有很多很難忘的事情，我還記得那天下著大雪，自己穿著一雙沒有雪釘的皮鞋，走在一個滿是雪的斜坡向下而行，為的是要拍攝身旁的一個大瀑布，過程中戰戰兢兢地，倘若一個不小心，可能便墜入瀑布之中，十分驚險，記得那天我還滑倒了好幾次。

另外，真的要說的話，在藍湖的那天早上，天氣超級好，看著太陽在藍湖附近慢慢升起，淺藍色的溫泉水跟加上日出顏色的水氣，真的就像一幅油畫一樣，美麗到不行。當你泡在溫泉當中，簡直就像在人間仙境一樣，舒服到不得了。

還有，我在拍攝北極光時因為太過專注，所沒有真正享受到北極光的壯觀，很可惜，但幸運的是，可以有機會體驗到強烈綠光在我頭上跳著慢舞的場景。

怎麼看待冰島人與冰島？

到訪冰島是我從小到大的心願，看過 **Björk** 的紀錄片後，那些影像片段就好像刻在我的腦海裡，從來沒有減退過。或許是因為冰島處於地球最北，亞洲也沒有太多資訊，所以這裡對很多人來說，都是一個極為神秘的地方。而實際上，這裡更是一座滿布天然資源的美麗島嶼，擁有在別處所看不到的那種大自然美景。當我雙腳踏上冰島的時候，一切真的都和我想像中一模一樣，尤其那獨有的大自然美景。我相信即使是相同景點，在不同季節時也會有不一樣的美，所以我一定會再來。

冰島人的代表歌手有很潮的 **Björk**，但他們在時尚之外，真的很親切，只是每逢假日都會喝得很醉就是了。這樣的冰島人和大自然美景，會讓人更加覺得冰島是一個非常特別的旅遊勝地，所以很自然會成為旅客心目中必到的地方。

Pay the bill, please！誰來買單？

資訊科技的發展的確把人們的距離拉近了，最新的電子產品及相關配件，也在五光十色的的資訊裡，相對豐富了人們的生活。但表面上看似拉近的距離，其實也不保證能夠拉近人們心靈之間的距離，沒錯，生活的確變得多采多姿，但誰能夠保證生活更為愉快呢？

你有沒有一整天拿著手機不放的經驗？開會的時候看著手機，每天都忙著電話中。但你有沒有問過自己，到底我們有沒有因為忙碌而忽略了身邊的人呢？即使身邊的朋友總是貼心地陪伴，最終我們都敵不過科技的產品。

都市人為了應付繁忙的日常生活，很多時候都遺忘了與家人朋友的相處時間。冰島這個地方很奇妙，可能是因為沒有太多鄰近國家，所以他們都很著重人與人之間的交流。我不會說這個國家落後，因為他們的資訊也算是發達，但在我和他們相處的期間，我發現他們特別注重與家人和朋友相處的時間，我在這裡或許找不到大城市裡的五光十色，但我一定找得到人與人之間的溫暖。

偶然來到一家酒吧和一位冰島朋友聚聚，突然看到桌上放了一支疊一支的手機。搞什麼鬼呢？看著他們一大票朋友在酒吧聚會，桌子中央放著他們每個人的手機，我的冰島朋友告訴我，這是一個可愛的遊戲，第一個拿起自己電話的人，就必須付清那天晚上的帳單。由此可以看得出來，冰島人真的很懂得珍惜和朋友相處的時間，他們這麼做，為的是讓每位來相聚的朋友都有更多互相交流的空間。

我真的覺得這個遊戲很有趣，看著時代走得這麼快，我們真的很容易遺忘身邊的人和事，或許我們都該想想如何珍惜與朋友及家人相處的時間，活在當下，珍惜身邊所有的人事物。

Dear people who read this book
致讀者

其實我們人類真的很渺小，當你置身於一個廣闊的大自然環境當中，我們只是一粒微不足道的塵埃。站在千年歷史的冰山之上，又或看著冰河湖的巨大冰塊分裂後塌下來四散於冰湖之中的場景，那種震撼人心的畫面至今歷歷在目。

冰島的天氣變幻莫測，就像人生一樣，難以預料，捉不到，也猜不透，我們根本無法改變大自然的定律，可以做的只是接受和變通，所以無論你身在哪裡，處於什麼樣的狀態，都要以不變應萬變，因為沒有什麼東

西是永恆不變的，正如我們恰恰具有很強的靈活性。

冰島雖然破產了，但他們的人民並沒因此而放棄，人生可以沒有目標，但我們應該懷著正確的人生態度，積極做好每一件事情，因為積極面對生活是活著最好的態度。

要相信自己一定能找到對的方向，就像天氣會轉變，人生也會轉變，希望你和我一樣，學會堅持，學會放手，也學會微笑。

Special Thanks

Martiq

Hadi Moussally

Olivier Pagny

Xiaochen Tian

Cynthia Lyn

Wu Ling Ling

Hugi Ingibjartsson

Eva Charlotte

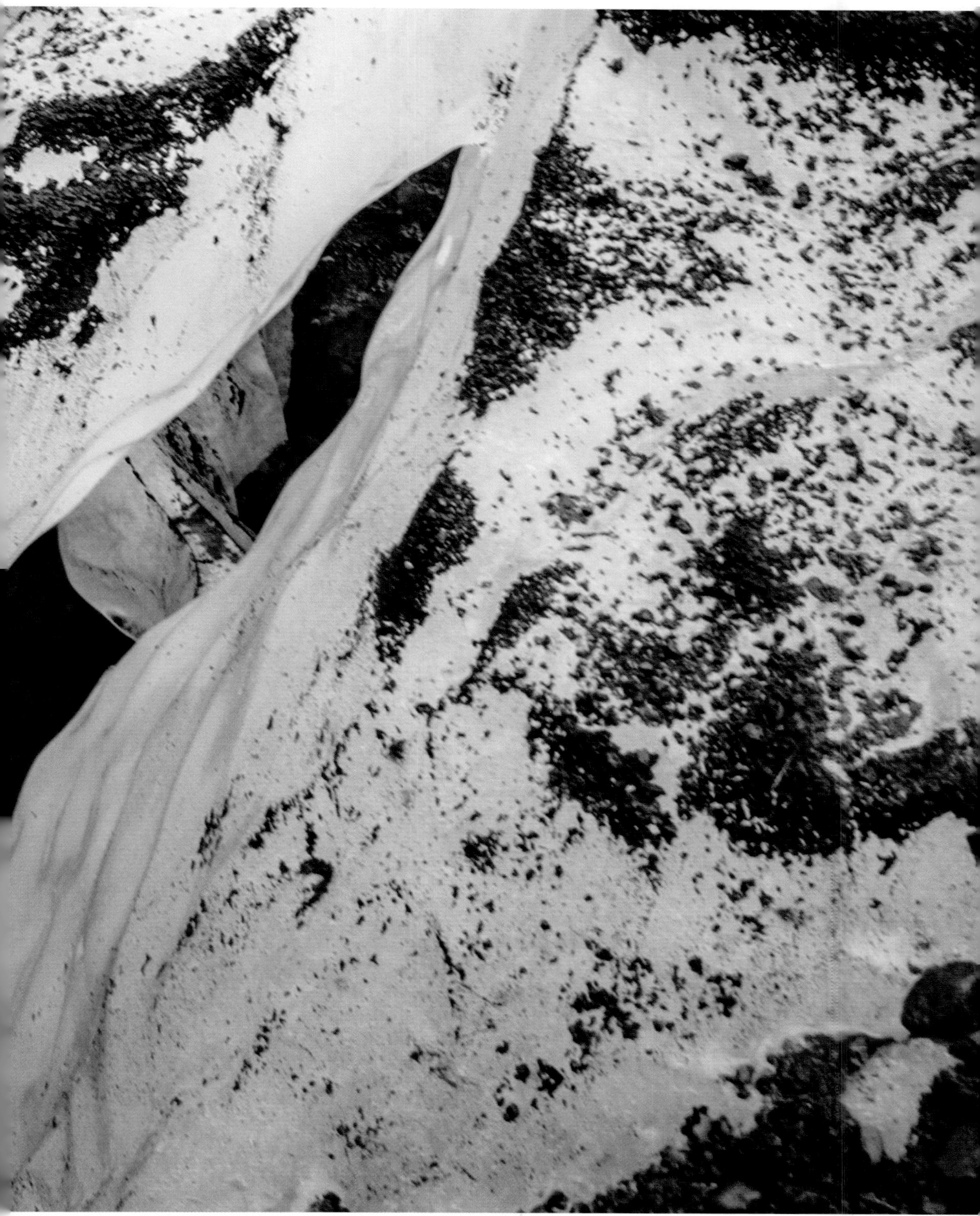

冰與火的國度 ICELAND

作　　者　Wallace Woo
攝　　影　Wallace Woo

發 行 人　林敬彬
主　　編　楊安瑜
副 主 編　黃谷光
責任編輯　黃谷光
內頁編排　吳亞珍
封面設計　季曉彤（小痕跡設計）
編輯協力　陳于雯、曾國堯
出　　版　大旗出版社
發　　行　大都會文化事業有限公司
　　　　　11051 台北市信義區基隆路一段 432 號 4 樓之 9
　　　　　讀者服務專線：（02）27235216
　　　　　讀者服務傳真：（02）27235220
　　　　　電子郵件信箱：metro@ms21.hinet.net
　　　　　網　　　址：www.metrobook.com.tw
郵政劃撥　14050529 大都會文化事業有限公司
出版日期　2015 年 12 月初版一刷
定　　價　380 元
I S B N　978-986-6234-91-0
書　　號　Forth-014

First published in Taiwan in 2015 by Banner Publishing,
a division of Metropolitan Culture Enterprise Co., Ltd.

4F-9, Double Hero Bldg., 432, Keelung Rd., Sec. 1,
Taipei 11051, Taiwan
Tel: +886-2-2723-5216　Fax: +886-2-2723-5220
Web-site: www.metrobook.com.tw
E-mail: metro@ms21.hinet.net

國家圖書館出版品預行編目（CIP）資料

冰與火的國度 ICELAND / Wallace Woo 著.
-- 初版.-- 臺北市：大旗出版：大都會文化發行，
2015.12
224 面；23x17 公分.--（Forth-012）
ISBN 978-986-6234-91-0（平裝）

1. 遊記 2. 攝影集 3. 冰島

747.79　　　　　　　　104025160

大都會文化

大都會文化　讀者服務卡

書名：冰與火的國度 ICELAND

謝謝您選擇了這本書！期待您的支持與建議，讓我們能有更多聯繫與互動的機會。

A. 您在何時購得本書：______年______月______日

B. 您在何處購得本書：____________書店，位於____________(市、縣)

C. 您從哪裡得知本書的消息：

1.□書店　2.□報章雜誌　3.□電台活動　4.□網路資訊

5.□書籤宣傳品等　6.□親友介紹　7.□書評　8.□其他

D. 您購買本書的動機：（可複選）

1.□對主題或內容感興趣　2.□工作需要　3.□生活需要

4.□自我進修　5.□內容為流行熱門話題　6.□其他

E. 您最喜歡本書的：（可複選）

1.□內容題材　2.□字體大小　3.□翻譯文筆　4.□封面　5.□編排方式　6.□其他

F. 您認為本書的封面：1.□非常出色　2.□普通　3.□毫不起眼　4.□其他

G. 您認為本書的編排：1.□非常出色　2.□普通　3.□毫不起眼　4.□其他

H. 您通常以哪些方式購書：(可複選)

1.□逛書店　2.□書展　3.□劃撥郵購　4.□團體訂購　5.□網路購書　6.□其他

I. 您希望我們出版哪類書籍：（可複選）

1.□旅遊　2.□流行文化　3.□生活休閒　4.□美容保養　5.□散文小品

6.□科學新知　7.□藝術音樂　8.□致富理財　9.□工商企管　10.□科幻推理

11.□史地類　12.□勵志傳記　13.□電影小說　14.□語言學習（_____語）

15.□幽默諧趣　16.□其他

J. 您對本書（系）的建議：

____

K. 您對本出版社的建議：

____

讀者小檔案

姓名：______________ 性別：□男　□女　生日：____年____月____日

年齡：□20歲以下 □21～30歲 □31～40歲 □41～50歲 □51歲以上

職業：1.□學生 2.□軍公教 3.□大眾傳播 4.□服務業 5.□金融業 6.□製造業

7.□資訊業 8.□自由業 9.□家管 10.□退休 11.□其他

學歷：□國小或以下 □國中 □高中／高職 □大學／大專 □研究所以上

通訊地址：____

電話：（H）______________（O）______________ 傳真：______________

行動電話：__________________ E-Mail：__________________________

◎謝謝您購買本書，歡迎您上大都會文化網站（www.metrobook.com.tw）登錄會員，或至Facebook（www.facebook.com/metrobook2）為我們按個讚，您將不定期收到最新的圖書訊息與電子報。

ICELAND
冰與火的國度

北區郵政管理局
登記證北台字第9125號
免貼郵票

大都會文化事業有限公司
讀者服務部 收

11051台北市基隆路一段432號4樓之9

寄回這張服務卡〔免貼郵票〕
您可以：
◎不定期收到最新出版訊息
◎參加各項回饋優惠活動

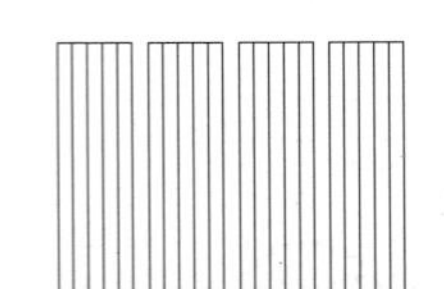